RIDERE

LA MIGLIORE
MEDICINA

BARZELLETTE PER ADULTI

Billy Passione

Copyright Page

ISBN No.   **1391852**

DELLO STESSO AUTORE:

- **Laughter, the best medicine. Jokes for adults.** www.lulu.com or

  www.amazon.com (2008) [Inglese]

Indice

Ai miei amici, per vederli ridere

Introduzione

Perche' questo libro?

La vita e' gia' di per se' troppo seria per essere sempre presa seriamente. Da piu' di 20 anni faccio il medico, e ho a che fare con situazioni di vita e di morte quotidianamente. Mi e' sempre piaciuto scrivere, e ho scritto tanto in medicina. Passo ora dal molto serio al 'faceto'. Anche questa raccolta di barzellette aumentara' la salute di tutti voi. Ridere aumenta la secrezione delle catecolamine e delle endorfine, aumenta l'ossigenazione del sangue, rilassa le arterie, diminuisce cosi' la pressione del sangue, e aumenta la risposta immunitaria.[1] Sono convinto, e la scienza lo prova, che il buon umore, il ridere sia un'ottima medicina. E' importante, qualunque cosa accada, mantenere un po' della propria innocenza giovanile, e un po' di goliardia nella vita. Non si smette di giocare perche' si e' vecchi; si diventa vecchi perche' si smette di giocare.[2] Questa medicina e' importante per tutti noi.

Queste barzellette sono state tutte collezionate da email private che ho ricevuto direttamente da miei amici negli ultimi 10 anni. Non mi vergogno di raccontarvi barzellete, anzi: sembrare un buffone e' il segreto dell'uomo saggio.[3] Mi vergogno un po' per questa raccolta un po' ose', ma penso che nessuno di voi si scandalizzera'! E' anche questo il bello di un libro, si puo' leggere in segreto, anche se dovete cercare di non ridere troppo a squarciagola... Spero di avvicinarmi ancora piu' a voi: si dice tra l'altro che il ridere sia la distanza piu' breve tra due persone. Dedico questo libro a tutti i miei amici che negli anni mi hanno spedito via internet barzellette, amici veri e spensierati, e a quelli che ne godranno.

Divertitevi!

Billy Passione

[1]Robin Williams, in 'Patch Adams'; [2]Oliver Wendell Holmes; [3]Edgar Allan Poe *(visto sul muro del Café' Regio a New York City)*

VECCHIO PLOVELBIO CINESE

SE VUOI LIDELE,
LIDI CON I DENTI....
SE NON HAI DENTI,
LIDI CON LE MANI....
SE NON HAI LE MANI
LIDI CON OCCHI...
SE NON HAI OCCHI, MANI, DENTI.......................
CHE CAZZO LIDI ?....

Non ho capito

Ho sentito che per far godere una donna
bisogna leccare vicino a dove fa la pipì
ma non ho capito se devo leccare anche le piastrelle o solo il bidè.

L'evaso

Un evaso entra in una casa isolata dove una giovane coppia dorme tranquillamente.
Lega l'uomo su una sedia da un lato della stanza e la donna sul letto dal lato
opposto.
Si avvicina alla giovane e le si piega sul collo... poi scappa nel bagno.
Il marito, a fatica, si avvicina con la sedia e mormora:
"Cara questo è appena scappato dalla prigione, ho visto che ti ha baciata sul
collo...non vede probabilmente una donna da anni...qualunque cosa ti domandi
obbedisci e fai vedere che ti piace, è una questione di sopravvivenza, sii forte, ti
amo".
La moglie, mezza nuda, spostandosi il bavaglio, risponde: "Caro, sono felice che tu
la prenda cosi' ma non mi ha baciata sul collo. Mi ha solo detto che sei carino e mi
ha chiesto se avevamo della vaselina in bagno.
Sii forte, ti amo".

Sorpresa I

Amore
non ne hai mai abbastanza
sono le tre e mi dici spingi
sono le quattro e mi dici spingi spingi
sono le cinque e mi dici spingi spingi spingi
non ce la faccio più:
tre ore di altalena sono una gran rottura di balle!

...ieri sera ti ho cercato tanto...
...ho provato ovunque...
...ma niente...
...di te non c'era traccia...
...sono andato a letto senza di te...
...mi sentivo nudo...
...e il vento passava sul mio corpo...
...facendomi provare brividi di freddo...
...ma dove eri finito??
...PIGIAMA DI MERDA!!!

E'inverno e siamo qui...
è primavera e siamo qui...
sopraggiunge l'estate amore e siamo ancora qui...
infine l'autunno e siamo sempre qui...
CAZZO non avevo mai visto uno sciopero dei treni così lungo!!
(Segnalata da Diego)

Quando parli lasci il segno
quando ridi lasci il segno
con lo sguardo lasci il segno
caro il mio Zorro, hai rotto i coglioni!

Noi
Noi amanti perduti nella tempesta
noi amanti battuti dal vento
noi amanti frustati dall'uragano
amore:
ma vaffanculo te e il picnic!

Certo è difficile crederci
ma il verde che c'era ormai non c'e più
e il grigio ha preso il suo posto
certo vorrei non fosse vero ma
tra ciò che c'era prima e ciò che c'e adesso
la linea è netta
la linea è irrimediabilmente netta
porca puttana mi hanno proprio rigato la macchina!

Capodanno
5
4
3
2
1
...che pagella del cazzo!!
(Segnalata da Pier)

E' primavera, e lo capisci dalle piccole cose:
il vento che ti scompiglia i capelli e ti batte sul viso,
il colorato e incessante turbinio dei pollini;
e i bambini, i bambini che, finalmente liberi,
ti circondano con le loro grida acute e gioiose.
Ecco, arriva anche mia suocera,
così la rottura di coglioni è completa!

O ape,
tu voli di fiore in fiore,
prendi il nettare migliore
e lo porti all'alveare.
Poi esci e vai,
di fiore in fiore,
a prendere il nettare migliore
e lo porti all'alveare.
E poi di nuovo via,
di fiore in fiore,
prendi il nettare migliore
e lo porti all'alveare.

O ape,
va che fai proprio una bella vita di merda!!!

Il pittore, dipinge la sua tela.
Il musico, compone le sue liriche.
Lo scrittore, elabora il suo romanzo.
Insomma, ognuno fa quel cazzo che vuole!!

I fuochi d'artificio, le girandole,
i canti e le grida,
l'eco degli hurra' e degli evviva...
Eh... stasera al nonno gli tira eh??!!

Ho visto
Ho visto gente vivere in baracche
ho visto gente nutrirsi di rifiuti
ho visto gente morire per strada:
vacanze di merda che ho fatto quest'anno...

Love Story
Un profumo nell'aria
dello champagne sulla tavola
un vestito sul tappeto
e nel mio letto tu:
cane di merda!

E' notte
Un gufo mi guarda
la luna mi sorride
le stelle mi parlano
e le nuvole creano disegni di ogni tipo:
la devo smettere di farmi le canne...

Amore
Amore il tuo viso mi ricorda la bellezza scultorea di Poppea
amore la tua tenacia mi ricorda la forza eburnea di Cleopatra
amore la tua astuzia mi ricorda l'efebica astuzia di Messalina
amore, ci hai fatto caso che mi ricordi solo delle grandi puttane?

Problemi di coppia?
Amore, tu che mi parli del mandorlo in fiore...
Tu che guardi il cielo e mangi una mela...
Tu che salti, giochi, corri... e io corro con te...
Ma come cazzo si fa a scopare così?!

Non è stato facile dirti "ti amo"
non è stato facile dirti "amore"
non è stato facile dirti "addio"
certo che il cinese è una lingua un po' del cazzo...

Avrei voluto avere il tempo di parlarti
avrei voluto avere il tempo di conoscerti
avrei voluto avere il tempo di capirti
ma, dopo due minuti me l'hai data...

Frasi vere dette a Napoli

(panificio)
"QUANDO VI DIVENTA DURO VE LO GRATTUGIAMO GRATIS E META'
CE LO TRATTENIAMO"

(in una palazzina in vendita con officina artigianale sul retro)
"SI VENDE SOLO IL DAVANTI, IL DIDIETRO SERVE A MIO MARITO"

(macelleria)
"DA ROSALIA - TACCHINI E POLLI, A RICHIESTA SI APRONO LE
COSCE"

(ferramenta)
"SEGA A DUE MANI E A DENTI STRETTI: 50 EURO"

(negozio di mangimi)
"TUTTO PER IL VOSTRO UCCELLO"

Insegne / Titoli

"TROMBA MARINA PER UN QUARTO D'ORA."
(Corriere del Mezzogiorno, 1997)

"QUI CHIAVI IN 5 MINUTI."
(Insegna di un negozio di Cuneo)

"SI AFFITTA L'ABITAZIONE DEL TERZO PIANO,
LA SIGNORA DEL SECONDO LA FA VEDERE A TUTTI."
(Inserzione in una strada di Trapani)

Positivo – Negativo

1. Positivo: Tua moglie e' incinta.
Negativo: Sono tre gemelli.
Molto negativo: Hai fatto la vasectomia tre anni fa.

2. Positivo: Tua moglie non ti parla.
Negativo: Vuole il divorzio.
Molto negativo: E' avvocato.

3. Positivo: Tuo figlio sta maturando.
Negativo: Ha una storia con la signora della porta accanto.
Molto negativo: Anche tu.

4. Positivo: Tuo figlio studia un sacco chiuso in camera sua.
Negativo: Trovi parecchi film porno nascosti nella sua stanza.
Molto negativo: Sei in alcuni di questi.

5. Positivo: Tuo marito e' finalmente d'accordo: basta figli.
Negativo: Non trovi le pillole anticoncezionali.
Molto negativo: Tua figlia le ha prese in prestito.

6. Positivo: Tuo marito capisce di moda.
Negativo: Scopri che di nascosto si mette i tuoi abiti.
Molto negativo: Stanno meglio a lui che a te.

7. Positivo: Fai a tua figlia il discorso delle api e dei fiorellini.
Negativo: Continua ad interromperti.
Molto negativo: Con correzioni.

8. Positivo: Tuo figlio ha il suo primo appuntamento.
Negativo: E' con un uomo.
Molto negativo: E' il tuo miglior amico.

9. Positivo: Tua figlia trova subito lavoro dopo la laurea.
Negativo: Come prostituta.
Molto negativo: Ha diversi clienti tra i tuoi colleghi.
Troppo negativo: Guadagna più di te.

10. Positivo: Hai riso molto leggendo queste cose.
Negativo: Alcune storie sembrano quelle di gente che conosci.
Molto negativo: Una di quelle persone sei tu.

Farmacia

Una signora entra in una farmacia a Livorno:
"Bongiorno signora.... icché le serve?"
"....E mi ci vole dell'Aspirina."
Il farmacista va nel retro e ritorna con una scatola gigante di Aspirina.
"Ocché me ne fo di tutte 'odeste Aspirine ?"
"Sa signora, da quando il Livorno è in serie A noi si fa le 'ose 'ngrande! tanto la spende la solita cifra."
"Ahhh ... vabbèè?"
"Le serve arto?"
"Mi dia dell'alcole."
Il farmacista ritorna con un boccione da 5 litri.
"Ovvia poarini o icchè me ne fo di tutto 'odest' alcole?"
"Signora e gliel'ho già detto: il Livorno è in serie A e si vole fa le 'ose 'ngrande! tanto e lo paga uguale."
"Ahhhh.... e vabbè?"
"E gli ci vole quarcosarto..... signora?"
"No !.... no.....!! mi ci volevano le supposte ma le vo' a ppiglià a Pisa.....!!!"

Pannolini

COSE CHE ACCADONO QUANDO SI CAMBIA UN PANNOLINO

1. Il pannolino puo essere cambiato per tre ragioni:
a) perche' lo dice la mamma;
b) perche' lo dice la suocera;
c) perche' il bimbo ha cagato.
Naturalmente il gesto perde, nei primi due casi, gran parte della sua drammaticita'.
Il vero, autentico, cambio di pannolino prevede la presenza della merda. Di solito
accade cosi'.
La mamma prende in braccio il bambino, lo annusa un po' e dice, con voce gaia e
piuttosto cretina: 'E` qui cosa abbiamo fatto, eh? Sento un certo odorino? Cosa ha
fatto l'angioletto?' Poi la mamma va di la' e vomita.
A questo punto si riconosce il padre di destra e il padre di sinistra.
Il padre di destra dice: 'Che schifo!' e chiama la tata.
Il padre di sinistra prende il bambino e lo va a cambiare.

2. Il pannolino si cambia, rigorosamente, sul fasciatoio. Il fasciatoio e` un mobile
che quando lo vedi a casa tua, capisci che un sacco di cose sono finite per sempre,
tra le quali la giovinezza. Comunque e` studiato bene: ha dei cassettini vari e un
piano su cui appoggiare il bambino.
Far star fermo il bambino su quel piano e' come far stare una trota in bilico sul
bordo del lavandino. E' fondamentale non distrarsi mai. Il neonato medio non e in
grado quasi di girarsi sul fianco, ma e` perfettamente in grado, appena ti volti, di
buttarsi giu dal fasciatoio facendoti il gesto dell'ombrello: pare che si allenino nella
placenta, in quei nove mesi che passano sott'acqua.
Dunque: tenere ben ferma la trota e sperare in bene.

3. Una volta spogliato il bambino, appare il pannolino contenente quello che
Gadda chiamava "l'estruso". E' il momento della verita'. Si staccano due pezzi di
scotch ai lati e il pannolino si apre. La zaffata e' impressionante.
E' singolare cosa riesca a produrre un intestino tutto sommato vergine: cose del
genere te le aspetteresti dall'intestino di Bukowski, non di tuo figlio. Ma tant'e: non
c'e niente da fare. O meglio: si inventano tecniche di sopravvivenza. Io, ad
esempio, mi sono convinto che tutto sommato la merda dei bambini profuma di
yogurt.
Fateci caso: se non guardate potrebbe anche sembrare che vostro figlio si sia
seduto su una confezione famiglia di Yomo doppia panna. Se guardate e' piu'

difficile. Ma senza guardare? Io con questo sistema sono riuscito ad ottenere ottimi risultati: adesso quando apro uno yogurt sento odor di merda.

4. Impugnare con la mano sinistra le caviglie del bambino e tirarlo su come una gallina. Con la destra aprire la confezione di salviettine profumate e prenderne una. Neanche il mago Silvan ci riuscirebbe: le salviettine vengono via solo a gruppi di ottanta. Scuotete allora il blocchetto fino a rimanere con tra le dita un numero inferiore a cinque salviette. A quel punto, di solito, la gallina-trota, stufa di stare appesa come un idiota, da uno strattone: se non vi cade, riuscira' comunque a spargere un po' di cacca in giro. Tamponate ovunque con le salviettine profumate. Ritirate su il pollo e con gesto rapinoso pulite il sedere del bambino. Posate le salviettine usate nel pannolino e richiudetelo. A quel punto la vostra situazione e': nella mano sinistra un pollo-trota coi lineamenti di vostro figlio; nella mano destra, una bomba chimica.

5. NON andate a buttare la bomba chimica: la trota scivolerebbe per terra. Quindi, posatela nei paraggi (la bomba, non la trota) registrando il curioso profumo di yogurt che si spande per l'aria. Senza mollare la presa con la mano sinistra, usate la destra per detergere a fondo e poi passate all'olio. Ve ne versate alcune gocce sulla mano. Esse scivoleranno immediatamente giu' verso il polso, valicheranno il confine dei polsini, e da li' spariranno nell' underground dei vostri vestiti. La sera ne troverete traccia nei calzini.
Completamente lubrificati, passate alla Pasta di Fissan, un singolare prodotto nato da un amplesso tra la maionese Calve' e del gesso liquido, ne riempite il sedere del pollo e naturalmente ve ne distribuite variamente in giro per giacche, pantaloni, ecc.
A quel punto avete praticamente finito.
A quel punto il bambino fa pipi'.

6. Il bambino non fa pipi' a caso. La fa sul vostro maglione. Voi fate un istintivo salto indietro. Errore. La trota, finalmente libera, si butta giu' dal fasciatoio. Ritirate su la trota e non raccontate mai alla mamma l'accaduto.

7. Prendere il pannolino nuovo. Capire qual'e' il lato davanti (di solito c'e una greca colorata che aiuta, facendovi sentire imbecilli). Inserire il pannolino tra le gambe del bambino e chiudere. Il sistema e' stato studiato bene: due specie di pezzi di scotch e il pannolino si chiude. Si, ma quanto si chiude? Cosi' e' troppo stretto, cosi' e' troppo largo, cosi' e' troppo stretto, cosi' e' troppo largo. Si puo arrivare anche ad una ventina di tentativi. E' in quel momento che il bambino

comincia ad intuire di avere un padre scemo: giustamente manifesta una certa delusione, cioe' inizia a gridare come un martire. Da qui in poi si fa tutto in apnea e in un bagno di sudore.

8. Nonostante i decibel espressi dal bambino, mantenere la calma e provare a rivestire il bambino. E' questo il momento dei poussoir. Quando Dio caccio' gli uomini dal paradiso terrestre disse: partorirete con dolore e dovrete chiudere le tutine dei vostri figli con i poussoir. Per chiudere un poussoir bisogna avere: grandissimo sangue freddo, mira eccezionale, culo della madonna. Il numero di poussoir presente in una tutina e' sorprendente e, perfidamente, dispari.

9. Se nonostante tutto riuscite a rivestire il bambino, avete praticamente finito. Vi ricordate che avete dimenticato il borotalco: il culetto si arrossira'. Pensate ai bambini in Africa e concludete: si arrossira', e che sara' mai. Quindi prendete il bambino e lo riconsegnate alla mamma. Lei chiedera: 'L'hai messo il borotalco?' Voi direte: 'Si'. Con convinzione.

10. Ripercussioni fisiche e psichiche.
Fisicamente, cambiare un pannolino brucia le stesse calorie di una partita di tennis. Psichicamente il padre post-pannolino tende a sentirsi spaventosamente buono e in pace con se stesso. Per almeno tre ore e convinto di avere la nobilta' d'animo di Madre Teresa di Calcutta. Quando l'effetto svanisce, subentra un irresistibile desiderio di essere single, giovane, cretino e un po' di destra. Alcuni si spingono fino a consultare il settore 'Decappottabili' su Gente & Motori. Altri telefonano ad una ex-fidanzata e quando lei risponde mettono giu. Pochi dicono che devono andare a comprare le sigarette, escono e poi, tragicamente, ritornano. In casa li avvolge la sicurezza del focolare, il tepore dei sentimenti sicuri, e un singolare, acutissimo profumo di yogurt.

(da Alessandro Baricco: "Alcuni mesi fa mi e' nato un figlio [?]")

Carabinieri

"Hai sentito, il carabiniere Carmelo Cazzone si e' fatto cambiare nome".
"E come si chiama adesso?"
"Antonio".

Donne e uomini

Perche' occorrono migliaia di spermatozoi per fecondare un ovulo?
...perche' gli spermatozoi sono maschi e si rifiutano di chiedere la strada!

Perche' gli uomini fischiettano meglio delle donne ?
...perche' hanno il cervello di un uccello!

Perche' ci sono piu' donne che uomini?
...perche' la natura è saggia

Qual'e' la differenza tra dissoluzione e soluzione?
...dissoluzione: mettere un uomo nella vasca con l'acido
...soluzione: metterceli tutti

Perche' gli uomini preferiscono le vergini?
... perche' non sopportano le critiche!

Dio chiama Adamo e gli dice: "Ho due notizie per te, una buona e un'altra cattiva!
Adamo chiede prima la buona, e Dio gli risponde:
"Ti farò due regali, un cervello e un pene."
"Fantastico," risponde Adamo, "e la cattiva?"
Dio risponde: "Non hai sufficiente sangue per farli funzionare entrambi allo stesso tempo!"

I sette nani

>il nano gay
dammelo

>il nano premier
SILVIOLO!!

Freddure

"Le montano i campeggiatori". "Te...desche".
"Si spedisce per ricordo". "L'orecchio".
"Il nome della figlia di Bush". "Buscetta".
"Vicino a Cuba". "Libre".
"La ripete il bocciato". "Bestemmia".
"L'indimenticabile Totò". "Riina".
"Proviene da una buona famiglia". "Ostaggio".
"Fra due si sceglie il minore". "Preventivo".
"Pagamento regolare". "Pizzo".
"Il nome greco di Mercurio". "Cromo".
"Sport che si pratica allungando le braccia". "Scippo".
"Si apre in banca...". "Fuoco".
"Anima le feste...". "Rissa".
"Stende il bucato...". "Overdose".
"Finisce quando muori". "Mutuo".
"È famoso quello di troia...". "Figlio".
"Una gita divertente". "Puttan-Tour".
"Si fa dopo un litigio". "Autopsia".
"Si mette durante il sorpasso". "Il dito medio".
"Si dice entrando". "Mani in alto".
"Si alza durante le discussioni". "Cric".
"Battono con il freddo". "Trans Siberiani".
"Si indossa nelle grandi occasioni". "Passamontagna".
"Un fatto straordinario". "Bob Marley".
"La si tenta con la respirazione bocca a bocca". "Slinguata".
"Si fa al mercato". "Portafoglio".
"Un gioco da ragazzi". "Fiat Uno".
"Ha uno spiccato senso degli affari". "Ricattatore".
"Manifestarsi con chiarezza". "Sparare".
"Piccolo strumento a fiato". "Cylum".
"Picchiato di santa ragione". "Avvisato".
"Costano ma confortano". "Puttane".
"Dare e avere". "Spacciare".
"Nel parco e nei giardini". "Drogati".
"E' stata disegnata da Pininfarina". "Moira Orfei".
"Visita posti meravigliosi". "Ginecologo"

Dizionario

AMICO: dicesi della persona di sesso maschile in possesso di quel "certo non so che" che cancella qualsiasi velleità di andare a letto con lui.

AMICA: dicesi della persona di sesso femminile in possesso di quel "certo non so che" che ti fa veni' una voglia pazzesca di andare a letto con lei.

AMORE: parola di cinque lettere, tre vocali, due consonanti e due idioti.

ARCHITETTO: dicesi di un tipo che non è sufficientemente macho per essere ingegnere; nè abbastanza finocchio per essere stilista.

AUTORITA': colui che arriva dopo la battaglia e prende a calci i feriti.

BALLARE: è la frustrazione verticale di un desiderio orizzontale.

BANCHIERE: è un tipo che ti presta l'ombrello quando c'è un sole splendente e lo reclama quando inizia a piovere (Mark Twain).

BISCAZZIERE: persona sessualmente molto dotata.

BOY SCOUT: un bambino vestito da coglione comandato da un coglione vestito da bambino.

CALCIO: è cio' con cui si sposano tutte le donne senza saperlo.

CERBOTTANA: cervo femmina di facili costumi.

CONSULENTE: è uno che ti prende l'orologio dal polso, ti dice l'ora e si fa pagare la prestazione.

CULINARIA: Associazione Paracadutisti Gay.

DIPLOMATICO: è chi ti dice di andare a fare in culo in modo tale che non vedi l'ora di iniziare il viaggio.

ECONOMISTA: è un esperto che saprà domani perchè ciò che ha predetto ieri non è successo oggi.

ETERNITA': lasso di tempo che trascorre da quando hai finito a quando l'hai riaccompagnata a casa.

FACILE: dicesi della donna che ha la moralità sessuale di un uomo.

FISICO QUANTICO: è un uomo cieco in una stanza buia che cerca un gatto nero ... che non c'è.

HARDWARE: parte del computer che riceve i colpi quando si pianta il software.

IMPAZIENZA: aspettare in fretta.

INCRESCIOSO: uomo con un'erezione che cammina contro il muro e la prima cosa con cui lo tocca è il naso.

INDIFFERENZA: atteggiamento assunto da una donna nei confronti di un uomo che non le interessa, interpretato dall'uomo come "sta facendo la difficile".

INFLAZIONE: dover vivere pagando i prezzi dell'anno prossimo con lo stipendio dell'anno scorso.

INTELLETTUALE: individuo capace di pensare per più di due ore a qualcosa che non sia il sesso.

LAVORO DI SQUADRA: possibilità di addossare la colpa degli altri.

MAL DI TESTA: anticoncezionale più usato dalla donna degli anni 90.

MONOGAMO: poligamo represso.

NANOSECONDO: frazione di tempo che trascorre tra l'accendersi della luce verde del semaforo e il suono del clacson dell'automobile dietro a noi.

NINFOMANE: termine con il quale un uomo definisce una donna che ha voglia di fare sesso più spesso di lui.

PESSIMISTA: ottimista con esperienza.

PRETE: persona che tutti chiamano padre eccetto i suoi figli, che lo chiamano zio.

PROGRAMMATORE: è colui che ti risolve in modo incomprensibile un problema che non sapevi di avere.

PSICOLOGO: è colui che guarda tutti gli altri quando una bella donna entra nella stanza.

STATISTICO: è qualcuno abile con i numeri ma che non ha sufficiente personalità per essere ingegnere.

TENDERE A (S)TENDERE: trovarsi davvero sul punto di appendere la biancheria, ma senza arrivare a farlo.

UROLOGO: è il medico che ti guarda l'uccello con disprezzo, te lo tocca con disgusto e ti passa la parcella come se te lo avesse soddisfatto.

Testimonianza

Questo e' un estratto dal libro americano "Disorder in the Court".
Sono *frasi che sono realmente state dette davanti al giudice*, parola per parola, e raccolte dai reporter...
Legenda:
A = avvocato,
T = testimone

A: Il bambino allora fu concepito l'8 agosto?
T: Si
A: E cosa stava facendo in quel momento?
(L'avvocato crede ancora alla cicogna...)

In ambito internazionale è importantissimo conoscere e parlare correttamente la lingua inglese. Roma ogni anno è visitata da migliaia di turisti, cosi' per aiutare i cittadini è stato commissionato un **Dizionario Inglese-Romano**, di cui forniamo alcuni stralci:

> THE SOUL OF YOUR BEST DEAD RELATIVES
l'anima de li mejo mortacci tua

> THESE DICKS
'sti cazzi

> I DON'T CARE OF LESS
nun me ne pò fregà de meno

> GO TO DIE KILLED
vammorìammazzato

> YOU ARE BASTARD INSIDE
sei bastardo dentro

> THANKS, LITTLE THANKS AND THANKS TO THE DICK
grazie, graziella e grazie ar cazzo

Brevi I

Durante un esperimento vengono incrociati un cavallo, un gatto, un cane e uno struzzo.......
Ne esce fuori una nuova specie: il ca.ga.ca.zzo!

Perche' la donazione di sperma e' piu cara di quella di sangue?
Perche' e' fatta a mano...

Un nero nudo sulla spiaggia gioca con suo figlio.
Il bambino gli chiede: "Papà posso giocare con il tuo pisello?"
Il padre: "Sì ma non allontanarti troppo."

Due ragazze parlano.
La prima: "Scusa ma secondo te questo vestito è troppo scollato?"
La seconda: "No ti si vedono solamente i peli sul petto."
La prima: "Ma io non ho peli sul petto."
La seconda: "Allora forse è troppo scollato."

Le mie figlie hanno sposato due salumieri. Ho due generi alimentari.

Dedicato a tutti i Dipendenti delle Pubbliche Amministrazioni:
Il lavoro mi piace, mi affascina; potrei stare seduto per ore a guardarlo.

Tre donne gravide:
"Io sono sicura che avrò un maschio perché stavo sopra."
"Io avrò una femmina perché stavo sotto."
La terza disperata: "CAZZO AVRO' UNA PECORA???"

Una signora in un sexy shop chiede alla cassa: "Vorrei quel vibratore nero, quello
blu e quello rosso."
Il commesso: "Per il nero e il blu è ok Signora, ma l'estintore ci serve!"

Una bambina chiede alla mamma: "Dov'è la nonna?"
E la mamma: "Non ricordi, è caduta dal balcone!"
"E ora dov'è?"
"In cielo?"
"Caspita che rimbalzone!"

Il marito telefona alla moglie: "Sono a Bolzano sottozero e sto malissimo!"
La moglie: "Io sono qui a Milano sotto uno e sto benissimo!!!"

Informazione Ansa:
La Scottex, famosa ditta di carta igienica, sta fallendo, aiuta anche tu i suoi operai
a non perdere il lavoro!
Vai a cagare!!!!

La figlia alla madre: "Mamma a me mi piace fare i pompini."
La mamma le dà un ceffone e dice:
"Ignorante a sedici anni dici ancora a me mi!!!"

Due amiche:
"Tu lo dici a tuo marito quando raggiungi l'orgasmo?"
"No scherzi, non devo disturbarlo quando è in ufficio!!!"

Lui:
Amore, ho una barzelletta che ti farà cadere le tette dal ridere?"
Poi la guarda e dice: "Forse te l'ho già raccontata!!!"

Al mare:
- Papà, mi compri il materassino a forma di bagnino?
- Ma non esistono.
- Ma come, la mamma dietro lo scoglio ne sta gonfiando uno.

Le mestruazioni sono la giusta punizione che Dio dette alla donna.
Dopo che Eva mangiò la mela Dio disse: "Pagherai col sangue, ma in comode rate mensili."

Strip Club

Un camion si ferma ad uno strip club e il guidatore scende dal mezzo. Il tale entra nel locale, che appare subito molto ben fornito di "simpatiche" ragazze. Il gestore si avvicina al camionista e gli chiede:
- Che cosa posso fare per lei?
Il camionista risponde:
- Vorrei la donna più orrenda che avete e la cena più disgustosa che avete... - porgendo al gestore 300 euro.
Il gestore, stupito dalla quantità di denaro, chiede meravigliato al camionista:
- Ma come, mister, con 300 euro le possiamo offrire una delle migliori ragazze e anche un'ottima cena?!?
Il camionista, senza scomporsi:
- Sì, lo so, ma è tanto che sono via da casa e da mia moglie e volevo che ora fosse esattamente come a casa...

Pierino

Una sera Pierino ha paura del buio.
Così chiede ai genitori il permesso di dormire con loro.
Nel bel mezzo della notte il padre si sveglia e dice:
"Maria, dai che facciamo l'amore!"
"Ma no dai c'e Pierino con noi!"
"Non preoccuparti, Pierino dorme!"
"Ti dico che non dorme...prova se non ti fidi!"
"Pierino dormi?" Pierino risponde: "NO!"
Cosi Pierino viene preso a botte dai genitori.

Il giorno dopo a scuola la maestra gli chiede il perche' di botte e graffi su tutto il corpo.
Pierino spiega cosa è accaduto e la maestra replica:
"Ma Pierino quando i tuoi genitori ti chiedono se stai dormendo tu non devi rispondere di no!"

Dopo circa una settimana si ripresenta la stessa situazione.
Ma nel bel mezzo della notte il padre si sveglia e dice:
"Maria, dai che facciamo l'amore!"
"Ma no dai c'e Pierino con noi!"
"Non preoccuparti, Pierino dorme!"
"Ti dico che non dorme...prova se non ti fidi!"
"Pierino dormi?" Pierino risponde: "SI!"
E Pierino viene letteralmente massacrato di botte dai genitori.

Il giorno dopo a scuola la maestra gli chiede come mai ha un braccio rotto e la testa bendata.
Pierino spiega cosa è accaduto e la maestra replica:
"Ma Pierino quando i tuoi genitori ti chiedono se stai dormendo tu non rispondere ne' no, ne' si...Stai zitto e basta!"

Dopo circa due settimane si ripresenta ancora la stessa situazione.
Nel bel mezzo della notte il padre si sveglia e dice:
"Maria, dai che facciamo l'amore!"
"Ma no dai c'e Pierino con noi!"
"Non preoccuparti, Pierino dorme!"
"Ti dico che non dorme...prova se non ti fidi!"

"Pierino dormi?" E Pierino non risponde.
"Pierino dormi?" E Pierino non risponde.

Il giorno dopo Pierino va a scuola in carrozzella, tutto bendato e con il collarino.
Così la maestra gli chiede spiegazioni.
Pierino risponde: "Guardi signora maestra, ieri sera ho chiesto ai miei genitori se
potevo dormire con loro e mi hanno detto di si.
Poi ad un certo punto mio padre si è svegliato e ha detto a mia madre che voleva
fare l'amore, ma mia madre non voleva perchè c'ero io. Cosi mi hanno chiesto se
dormivo 2 o 3 volte e io sono sempre stato zitto.
Poi ho sentito ansimare, il letto tremava, le lenzuola si muovevano e mio padre ha
detto mia madre: "Maria sto venendo!" e mia madre ha risposto: "Vengo anch'io!"
Così mi sono alzato e ho detto:
"Ma dove cazzo andate che ho paura del buio?!?"

Domande e perche'

Se i gatti quando camminano vanno gattoni, i coyoti quando camminano come
vanno?

Se offendi un parmigiano reggiano, ti trovi una grana?

Nelle riunioni di gabinetto i ministri fanno gli stronzi ?

Perchè, se Dio è immortale, ha lasciato ben due Testamenti?

Perchè si chiama sala-parto se ha solo nuovi arrivi?

Se la museruola si mette sul muso dove si mette la cazzuola?

Lo stitico quando muore va in purgatorio.

Se Garibaldi è partito da Quarto, chi erano i tre partiti prima di lui?

Le tende da sole ... soffrono di solitudine.

Sono le pecore di Murano che producono la lana di vetro?

Nei film porno il protagonista e il montatore sono la stessa persona?

Ma in una banca del seme, cosa danno di interessi?

Se lavorare fa bene, perchè non lo lasciamo fare agli ammalati?

Ma se il mio capo si droga, io sono un tossico-dipendente?

La penisola è un isola a forma di pene.

GESTANTE è participio presente o preservativo imperfetto.

Il formaggio con le pere è femmina o si droga?

La luce viaggia più veloce del suono, sarà per questo che molte persone appaiono brillanti finchè non le senti parlare?

Se son rose fioriranno... ma se sono cachi?

Quelli che attaccano i cartelli "Chi tocca muore" muoiono tutti?

Veloci

Un clitoride entra in una macelleria:
- Buongiorno!
- Buongiorno - fa il macellaio - cosa le serve?
- Due chili di lingua!

Ci sono due froci. Uno dice all'altro:
- Dai giochiamo a nascondino tu ti accechi e io mi nascondo, se mi trovi m'inculi se non mi trovi...
SONO NELL'ARMADIO!!!

Quanto è lungo un cazzo nell'acqua?
- Dipende... se è acqua fredda solo 12 cm., in acqua calda 18 cm. e... in ACQUOLINA 25 cm.!!!

Come si chiama il più importante raduno annuale dei Gay?
- Il Meeting ULO!

Tra due amici:
- Sai cosa dice una donna quando vede un cazzo di 30 cm?
- No, non lo so!
- Io si!!!

Due amiche parlano dei loro fidanzati:
- Il mio a letto è semplicemente favoloso! Pensa che ha una lingua di venti centimetri!
L'altra ribatte:
- Il mio ce l'ha sicuramente più corta, ma ha imparato a respirare con le orecchie...

Un marinaio corre tutto trafelato verso il comandante della nave:
- Capitano... capitano... sulla nave c'è un frocio!!!!
- Un frocio??? E chi è?
- Se mi dai un bacio te lo dico...

Fra due amici al bar:
- Sai che oggi ho visto tua sorella con un negro!
- Mah... forse stava facendo DUE passi...
- Si... per sfilarselo dal culo.

Due bimbi: è morta mia zia, ha dato
cuore, occhi, polmoni, milza e reni
ed ha fatto felice 7 persone.
L'altro bimbo: mia cugina è viva
da solo il culo
e fa felice un sacco di gente.

Sai la differenza tra voler bene, amare ed esagerare?
Voler bene è fare un pompino
Amare è ingoiare....
esagerare è
fare i gargarismi.

Lord inglesi

Due lord inglesi si perdono nel deserto durante un viaggio. Vagano per giorni e giorni finché non arrivano in un'oasi stupenda dove c'è tutto il ben di Dio: acqua, alberi da frutta, selvaggina, ecc.
Passano sei mesi al che uno dei due lord fa all'altro:
- Guardi Lord Stanfield... è sei mesi che siamo qui... è vero, non ci manca niente... però in quanto a rapporti sessuali...
- Ha vagione Lord McPowell è un vevo pvoblema! Come potvemo fave?
- Beh... un modo ci sarebbe... potremmo avere dei rapporti noi due!
- Già! Ottima idea! Ma come potvemo stabilive chi pev pvimo deve fave la donna?
- Potremo farci una domanda a testa, chi sbaglia fa la donna per primo!
- D'accovdo, cominci lei a favmi una domanda!
- Dunque... qual è quell'animale, felino, a quattro zampe, con la criniera, che ruggisce ed ha la coda?
Lord Stanfield con sguardo e voce languida:
- Ma... savà mica il coccodvillo?

Sexy shop

Una bella ragazza entra per la prima volta in un sexy shop. Con aria intimidita si rivolge al negoziante:
- Buonasera, io vorrei un vibratore.
- Certo signora, ne abbiamo di tutte le forme e di tutte le misure. Dia pure un'occhiata a quello scaffale e scelga con comodo.
Dopo un paio di minuti la ragazza torna alla cassa ed indicando verso lo scaffale:
- Vorrei quello rosso!
- Mi spiace ma quello rosso non posso darglielo, guardi piuttosto quello marrone... è il modello Jumbo a due velocità, con testa vibrante e rotante...
- No, voglio quello rosso!!
- Ma quello rosa in puro lattice modello Sventrax lo ha visto? Lo abbiamo fatto arrivare due giorni fa dagli Stati Uniti, è ottimo!
- Ho detto che voglio quello lì rosso!
- Senta, anche lei mi deve capire... io l'ESTINTORE proprio non glielo posso vendere!

GEOGRAFIA DELLA DONNA

Tra 18 e 20 anni la donna e' come l' Africa o l'Australia, mezza scoperta, mezza selvaggia, naturalmente stupenda.

Tra 20 e 30 anni e' come l'America o il Giappone, completamente scoperta, bella sviluppata e aperta al commercio, specialmente con chi possiede carte di credito e macchine.

Tra 30 e 35 anni e' come la Spagna o l'India, molto calda, rilassata e convinta della sua bellezza.

Tra 35 e 40 anni e' come la Francia o l'Argentina, e' stata mezza distrutta durante la guerra ma sempre piacevole da visitare.

Tra 40 e 50 anni e' come l'Iraq o la Yugoslavia, ha perso la guerra ed e ' afflitta dagli errori passati. Una decisa ricostruzione e' necessaria.

Tra 50 e 60 anni e' come la Russia o il Canada, molto aperta, tranquilla, con i suoi bordi praticamente non controllati ma il suo clima freddo tiene la gente lontana da lei.

Tra 60 e 70 anni e' come l'Inghilterra o la Mongolia, con un passato glorioso ma purtroppo senza futuro.

Dopo i 70 anni diventa come l' Albania o l'Afghanistan, tutti sanno dov'e' ma nessuno ci vuole andare.

GEOGRAFIA DELL'UOMO

Tra 15 e 70 anni l'uomo e' come l'Italia, governato dai coglioni.

Problemi di famiglia

Una ragazzina di quattordici anni va dalla mamma, e le dice che da un paio di mesi non ha più il ciclo.
Preoccupatissima, la mamma compra un kit di gravidanza e la ragazza risulta incinta.
Urla, pianti lacrime, chi è il porco, avanti voglio saperlo, ora lo dici a tuo padre etc. etc.
La ragazza, lasciata sola, prende il telefonino e fa una chiamata.
Mezz'ora dopo sotto casa si ferma una ferrari sale un tipo brizzolato, ben vestito, che si siede in mezzo a padre madre e figlia.
"Buongiorno", esordisce, "vostra figlia mi ha informato.
Dunque, io non posso sposarla perchè ho un'altra situazione famigliare, ma se nasce una femmina le posso intestare 3 negozi, due appartamenti, una villa ed un conto di 500.000 euro.
Se invece è un maschio un paio di fabbriche, oltre ai 500.000 euro.
Se sono gemelli una fabbrica a testa e 250.000 euro a testa.
Se però perde il bambino..."
A quel punto il padre, che era stato zitto, si alza, gli appoggia una mano sulla spalla e fa:
"Te la scopi di nuovo"

QUESTIONE DI BISOGNI

Non avevo mai capito perché i bisogni sessuali degli uomini e delle donne sono così differenti. Non avevo mai capito tutte quelle storie di Marte e Venere. E non avevo mai capito perché gli uomini riflettessero con la testa e le donne con il cuore.
Una notte della settimana scorsa, mia moglie ed io ci siamo coricati, abbiamo cominciato a stuzzicarci sotto le coperte cominciando a palpeggiarci un po' ovunque...
Io ero già arrapatissimo e credevo fosse reciproco dato il carattere esplicitamente osè delle nostre carezze...
Ma in quel preciso momento mi dice:
- Ascolta... ora non ho voglia di fare l'amore, ho soltanto voglia che tu mi stringa forte tra le tue braccia, mhm?
E ho detto:
- COSA?!?!?

Allora lei mi ha detto le parole magiche:
- Tu non sai entrare in connessione con i miei bisogni emotivi di donna...
Alla fine ho capitolato e, rassegnato, mi sono detto che quella notte non avrei
scopato, così mi sono addormentato.
Il giorno seguente siamo andati a fare shopping al centro commerciale.
Io la guardavo mentre provava 3 vestiti belli, ma molto cari.
Siccome non riusciva a decidere, le ho detto di prenderli tutti e tre.
Allora, tutta emozionata e motivata dalle mie parole comprensive mi ha detto che
avrebbe avuto bisogno anche di un paio di scarpe con cui portarli, ma che
costavano 400 euro, al che ho detto che mi sembrava giusto.
Dopo siamo passati dalla bijoutteria, da dove è uscita con dei braccialetti
tempestati di diamanti.
Poverina... se l'aveste vista... era emozionatissima!
Penso che credesse che stavo impazzendo, ma, a dire il vero, non è che se ne
preoccupasse molto...
Credo mi stesse mettendo alla prova quando mi ha chiesto un carissimo vaso
cinese per arredare la mensola del camino. Ma penso d'aver distrutto tutti i suoi
schemi mentali quando le ho risposto ancora di si.
A questo punto era quasi eccitata sessualmente...avreste dovuto vedere il suo
viso!!! E' in quel momento che col suo più bel sorriso da quando siamo sposati mi
ha detto: - Andiamo a pagare alla cassa!
E' stato difficile trattenersi dal ridere quando le ho detto:
- No amore, credo che ora non ho voglia di comprare tutta questa roba!
Avreste dovuto vedere il suo viso, davvero, è diventata molto pallida e lo è restata
quando ho aggiunto:
- Voglio soltanto che tu mi stringa fra le tue braccia...
E nel momento in cui il suo viso cominciava a riempirsi di collera ed odio, ho
semplicemente aggiunto:
- Tu non sai entrare in connessione con i miei bisogni finanziari di uomo...
Credo che non tromberò prima della primavera del 2013...

NOTE REALMENTE REGISTRATE DAGLI INSEGNANTI SUI
REGISTRI DI CLASSE

L'alunno C***** lancia dalla finestra del laboratorio di fisica, situato al secondo piano dell'istituto, un assorbente con le ali urlando ai compagni incuriositi: "Vola, colomba bianca vola!"

L'alunno B++++ D++++++ partecipando ad una strana competizione tra compagni sbatte continuamente la testa contro il muro nel tentativo di fermare con la fronte una monetina lasciata cadere radente il muro stesso dai compagni. Il rimbombo continuo provocato impedisce alle aule vicine il regolare svolgimento delle lezioni.

S***** C****** lascia l'aula prima dell'orario di uscita dopo aver fotografato la lavagna con il cellulare sostenendo che avrebbe riesaminato la lezione a casa sua.

L'alunno M. tenta di accecare S. con la corda della veneziana dopo aver constatato che la resistenza del cavo non è tale da consentire l'impiccagione di S.

L'alunno A. assente dall'aula dalle ore 12.03, rientra in classe alle ore 12.57 con un nuovo taglio di capelli.

La studentessa Muolo, ripetutamente stuzzicata da Savino e Terranova, risponde con un linguaggio degno delle più fumose taverne del porto di Genova.

Gli alunni M.P. e D.A. dopo aver rubato diversi gessetti dalla lavagna di classe, simulano durante la lezione l'uso di sostanze stupefacenti tramite carte di credito e banconote arrotolate, tentando inoltre di vendere le sopracitate finte sostanze ai propri compagni. A mia insistente richiesta di smetterla vengo incitato a provare pure io per non avere così tanti pregiudizi.

La classe non mostra rispetto per l'illustre filosofo Pomponazzi e ne altera il nome in modo osceno.

L'alunno M. dopo la consegna del pagellino da far firmare ai genitori riconsegna il pagellino firmato 2 minuti dopo. Sospetto che la firma non sia autentica.

L'alunno G**** esce dall'armadio dopo 20 minuti dall'inizio della lezione di disegno intonando la canzone 'we wish you a Merry Christmas'.

L'alunno F****, chiamato per l'interrogazione, risponde chiedendomi insistentemente che macchina ho.

Gli alunni della 5c/inf Karim, Ceniccola, Passone, Spuntarelli, Petrongari, Benvenuti, Vandini, Saltarelli, Chiappini rinchiudono il proprio compagno Turri nell'armadietto di classe, e con tanto di monetine inserite nella fessura dello stesso incitavano il compagno a cantargli qualcosa a modo di JukeBox, al primo segno di rifiuto del compagno prendevano a calci e a pugni le pareti dell'armadio, girandolo con le ante verso il muro per ostruire l'uscita del compagno lamentandosi del malfunzionamento del dispositivo.

L'alunno xxx ha augurato la morte al professore.

Gli alunni Passuello, Pelanti e Piumatti scommettono euro 5 sulle prestazioni negative dell'alunno Manno.

Il crocefisso dell'aula è stato rovinato. Il Cristo ora ha disegnata la maglia della nazionale.

L'alunno X durante l'intervallo intrattiene dalla finestra dell'aula gli alunni dell'istituto imitando Benito Mussolini, munito di fez e camicia nera, presentando una dichiarazione di guerra all'istituto che sta dall'altra parte della strada.

Dopo aver fatto scena muta durante l'interrogazione di geografia astronomica Vxxxxx chiede di avvalersi dell'aiuto del pubblico.

L' alunno DL arrivando in classe in ritardo si giustifica dicendo di aver perso tempo a parcheggiare l'enterprise.

La classe mostra una indiscutibilmente coraggiosa omertà nei confronti dell'alunno che ha svuotato sul pavimento presso la cattedra una bottiglia di olio extravergine d'oliva Bertolli rinvenuta nel cestino dell'aula.

L'alunno M.G. al termine della ricreazione sale sul bancone adiacente la cattedra e dopo aver gridato: "Ondaaaa energeticaa" emise un rutto notevole che incitò la classe al delirio collettivo.

Facendo l'appello e notando l'assenza dell'alunno S...., mi viene detto dall'alunno C... di non preoccuparmi. Quest'ultimo estrae il portafoglio, lo apre, e simulando di parlare ad una terza persona urla: "Scott: teletrasporto!" Con fragorosi effetti sonori fatti con la bocca, l'alunno S.... fuoriesce dall'armadio.

Dal ginecologo

In una radioemittente canadese danno un premio da 1000 a 5000 dollari alla persona che racconta la storia vera più imbarazzante capitata, di quelle che ti fanno venir voglia di buttarti dal quinto piano.
Questa è la storia che ha vinto 5000 dollari:
Avevo un appuntamento dal ginecologo fissato per questa settimana, ma dimenticarono di chiamarmi per confermarmi il giorno e l'ora. Alla mattina presto ricevetti una telefonata dalla segretaria del consultorio che mi informava che la visita sarebbe stata la mattina stessa alle 9 e mezza. Avevo appena finito di fare colazione con mio marito e i miei figli ed ero pronta per cominciare le mie commissioni, erano esattamente le 8:45. Presa dal panico non avevo un minuto da perdere. Sono sicura che sono come tutte le donne, ci teniamo molto all'igiene intima, specialmente quando dobbiamo andare dal ginecologo.
Però questa volta non avevo tempo di farmi la doccia, così salii le scale correndo, mi tolsi il pigiama, presi il primo asciugamano lavato e piegato che stava sul bordo della vasca, lo aprii, lo bagnai, lo passai con cura in tutte le parti intime per essere sicura di essere il più pulita possibile.
Buttai l'asciugamano tra le cose da lavare, mi vestii e volai al consultorio. Ero in sala d'aspetto da poco, quando mi chiamarono per farmi l'esame. Dato che già conosco la procedura, mi sedetti senza bisogno d'aiuto sul bordo del lettino e cercai, come faccio sempre di immaginarmi molto lontano da lì, ai Caraibi, o in qualsiasi altro bel posto lontano da lì. Rimasi molto sorpresa quando il medico mi disse: "Oh là là, stamattina abbiamo fatto uno sforzo extra per essere più carine!" Non accettai di buon grado il complimento ma non dissi nulla. Tornai a casa tranquilla e il resto della giornata scorse normalmente: pulii la casa, cucinai...Dopo la scuola, mia figlia di sei anni gridò dal bagno: "Mamma, dov'è il mio asciugamano?"
Le risposi di prendere un altro asciugamano nell'armadio.
Quando mi rispose, giuro che quello che mi passò per la testa fu il di sparire dalla faccia della terra. Il commento del medico martellava nel mio cervello senza sosta........e mia figlia mi disse:
"No mamma, non voglio un asciugamano nell'armadio; voglio quello che stava sulla vasca da bagno. C'avevo lasciato tutti i miei brillantini, le pailletes e le stelline dorate per giocare!!!!"

Beccamorto

Nel Medioevo, la vita media degli uomini era di 40-45 anni e l'assistenza socio sanitaria inesistente.

Quando un uomo moriva, per certificarne la morte, veniva chiamato il "medico condotto", il quale per verificare l'effettivo decesso, usava infliggere dolore al deceduto; il modo più comune utilizzato in quel tempo era un potente morso inflitto alle dita dei piedi (quasi sempre l'alluce).

Nel dialetto del popolino il "medico" assume così il soprannome di "beccamorto".

Questa pratica diede origine a un vero e proprio mestiere. La tradizione prevedeva che tale mestiere fosse tramandato dal padre al figlio maschio, ma verso la fine del medioevo, accadde qualcosa che cambiò il futuro dei beccamorti. Uno dei beccamorti famosi non riuscì a concepire un figlio maschio, la moglie partorì quattro figlie femmine. Il beccamorto, per evitare l'estinzione del mestiere, chiese alla chiesa una dispensa per tramandare la professione alla sua figlia primogenita, la quale, dopo aver ricevuto la benedizione, iniziò il lavoro di beccamorto.

Il caso volle che il suo primo morto fu un uomo al quale un carro aveva tranciato entrambe le gambe; la ragazza era indecisa su dove infliggere il morso.

Alla fine prese una decisione.......... e nacquero le moderne pompe funebri.

Amori vari

Lui: "Amore, devo dirti la verità!"
Lei: "Dimmi -cicci- cosa c'è?"
Lui: "Come Beatrice fu per Dante, Laura per Petrarca,
Silvia per Leopardi... anche tu lo sei per me..."
Lei: "Cosa tesoro mio?"
Lui: "...Una stronza che si rifiuta sempre di darmela!"

Nino: Tano!!! un dolore che mi è preso in questi giorni ai denti INCREDIBILE!!!!
Gaetano: guarda io ho un rimedio che è efficacissimo: chiamo mia moglie e mi faccio fare un pompino... P A S S A T U T T O ! ! !
Nino: CHIAMALA CHIAMALA SUBITO!!!!!!

Muore un cardiologo che nel paese gode di grande fama.
Al funerale accorre molta gente...chi piange di qua...chi piange di là...
Tra questa due altri due medici, amici del cardiologo, di cui uno ginecologo.
Tra le numerose corone e cuscini che accompagnavano la cerimonia funerea, si
scorge un cuscino a forma di cuore in omaggio alla sua attività professionale.
Il ginecologo dice all'altro medico: "E quando muoio io...di che forma me lo fanno
il cuscino???"

Un uomo e una donna su una spiaggia...
il riflesso della luna sull'acqua,
il rumore delle onde... insomma, atmosfera romantica...
lei chiede "tu sei vergine vero?"
lui "Sì, sai, aspetto la donna giusta."
"Ah, che romantico, la prima che ami!"
"No, la PRIMA CHE ME LA DA!!!"

Un uomo sta bevendo un Amaro del Capo in un bar.
Dopo un po' gli viene da andare in bagno e qui giunto nota che ci sono tre negri
vicino a lui che stanno facendo la pipì.
Così per caso, si volge verso di loro e nota con grande sorpresa che quello, dei tre
negri, più vicino a lui, ha l'organo genitale bianco.
Rapidamente finisce di urinare e ritorna al bar per raccontare al barista la
stranissima cosa che ha visto in bagno.
E il barista: "Ma no, quelli non sono negri, ma minatori, e probabilmente quello
che ha notato e' stato a casa per il pranzo."

Una bambina va dalla mamma e gli dice:
- Mamma mamma la nostra cameriera é un'angelo.
- Ma perché piccola mia? disse la madre.
- L'altro giorno era in camera con il papà e gridava "DIO VENGO!!"
Per fortuna c'era papà che la teneva per il culo, altrimenti se ne volava in cielo!!!

2 GAY STANNO FACENDO L'AMORE:
"Sai caro, ho fatto il test e ho scoperto di avere l'aids..."
"Cosa?! E me lo dici così??!!"
"Scherzo... ma mi piace quando stringi il culo!!!"

GLI UOMINI SONO TORNATI

Quanto tempo impiega un uomo ad aprire una bottiglia di birra?
Niente, deve essere già aperta quando la donna te la porta.

Perchè le donne hanno i piedi più piccoli degli uomini?
E' una questione di evoluzione, loro li hanno più piccoli perchè 'devono' stare più vicine al lavello della cucina.

Come fai a sapere che una donna sta per dire una cosa intelligente?
Quando esordisce con "un uomo mi ha detto...."

Come si aggiusta un orologio di una donna?
Non lo si fa. C'è un timer sul forno.

Perchè gli uomini scorreggiano più delle donne?
Perchè le donne non riescono a tenere la bocca chiusa per creare la pressione adatta.

Se c'è una donna che sbraita davanti alla porta d'ingresso e un cane che abbaia davanti alla porta sul retro, chi fai entrare prima?
Il cane ovviamente, almeno quando entrerà la smetterà.

Ho sposato la sig.rina Ho Ragione
Ma non sapevo che di cognome facesse Sempre.

Gli scienziati hanno scoperto un cibo che riduce la carica erotica delle donne di ben il 90%.
Si chiama torta nuziale.

Perchè gli uomini muoiono prima delle donne?   Per scelta.

Le donne non saranno mai uguali agli uomini finchè non cammineranno calve e la pancia gonfia di birra pensando ancora di essere sexy.

In principio dio creò la terra e si riposò
Poi creò l'uomo e si riposò
Infine creò la donna
Da allora nè l'uomo nè dio hanno più riposato.

Superman

Un uomo torna a casa alle 7 del mattino e trova la moglie sveglia che lo aspetta:
-Allora Superman...abbiamo fatto le ore piccole???
Il marito farfugliando: - Sai amore, ieri c'era l'incontro d'affari con i Giapponesi...
- E avete discusso fino alle 7 del mattino Superman?
- Fammi finire amore, dopo aver concluso vittoriosamente l'affare alle 11 di sera, li abbiamo invitati a cena...
- Ed è durata fino alle 7 del mattino questa cena, Superman?
- No amore, abbiamo cenato per un paio d'ore ma poi, visto che erano ospiti li abbiamo portati in un locale a farli divertire un po'...
- Sì Superman... ma i locali chiudono alle 3, massimo alle 3 e mezza. Sono le 7...
- Amore non mi fai mai finire, dopo abbiamo pensato di fargli fare un giro della città by night...
- Fino alle 7 del mattino, Superman?
- No amore, ma siamo passati dalla strada delle prostitute e alcuni volevano divertirsi. Se avessimo detto di no, avrebbero potuto cambiare idea sul contratto...
- Quanto tempo sono stati con le prostitute, Superman? Tutta la notte?
- No amore, dopo li abbiamo accompagnati all'aeroporto che il loro aereo partiva alle 6...
- Va bene Superman ma all'aeroporto dovevate essere un'ora prima. Tra le 5 e le 7 c'è una bella differenza...
- Amore dopo siamo andati al bar a fare prima colazione e poi è iniziato il traffico del mattino. Perciò ho fatto tardi. E tu perchè continui a chiamarmi Superman?
- Perché solo tu e Superman indossate le mutande sopra i pantaloni...

Differenza tra amante, fidanzata e moglie

Dopo l'orgasmo
la prima ti dice   "Sei grande",
la seconda   "Ti amo",
la terza...   "Beige...Il soffitto lo farei beige"

Animali

Una donna nella vita ha bisogno di 5 animali:
Un Jaguar nel garage, una tigre a letto, un visone sulla pelle, un uccello tra le gambe ed un asino che paga tutto!

Italiano medio

Sei un italiano medio, di oltre trent'anni se:

1) Ti sei masturbato almeno una volta con la copertina di una audiocassetta di Fausto Papetti.
2) Conosci a memoria le sigle di Goldrake, Furia e Sandokan.
3) Conosci l'uomo in ammollo. "Nooooo... non esiste sporco impossibile."
4) Ti sei masturbato almeno una volta con un film di Edwige Fenech, cominciando con la doccia della Fenech e finendo clamorosamente di fronte alla faccia di Lino Banfi che esclama: "Medonna benedettola..."
5) Hai visto Nino Castelnuovo quando ancora riusciva a saltare le staccionate. E poi lo hai visto fare tremendamente anche a Mike Bongiorno...
6) Sai che "bocchino" è anche una grappa.
7) Confronti tutti i culi delle donne che vedi con quello di Nadia Cassini. Del quale è conservato un calco in platino-iridio all'Istituto Internazionale di Pesi e Misure di Sèvres.
8) Ti sei masturbato almeno una volta con la sezione di intimo del catalogo Postal Market (quando ritenevi che la copertina de "L'Espresso" non fosse sufficiente).
9) Potevi già votare quando Cicciolina era candidata con il "Partito dell'Amore."
10) Quando qualcuno ti dice: "Arrivo presto e finisco presto!", tu gli rispondi: "E di solito non pulisci il water."
11) Sai che Orzowei è un personaggio dei telefilm e non un prodotto da mettere nel latte. Ed in giardino ti sei costruito un arco con un bastone ed un pezzo di spago.
12) Almeno una volta nella vita tua hai fatto il verso di Bombolo (tzè tzè) dopo aver preso uno sganassone.
13) Compravi il cubo di Rubik tutto bello rigido e scricchiolante ed eri un figo se ce l'avevi tutto allentato e fluido. Lo finivi solo smontandolo e rimontandolo con le facce apposto.
14) Facevi la palla con il serpentone in meno di 15 secondi.
15) Sai cosa significa "Ifix tchen tchen."
16) Sai che "Il Montatore" non è solo un operaio.
17) Hai giocato nella Bicocca, la casetta della Ferrero.
18) Hai giocato con i soldatini Atlantic.
19) Hai visto compiere delle traiettorie incredibili al Super Tele quando c'era vento che nemmeno in Holly e Benji ed hai gridato al miracolo quando uscì il Tango.
20) Hai indossato le Tepa Sport.
21) Tagliavi il tubo nero degli elettricisti per costruirti una cerbottana. Ed i migliori cartoccetti da tirare li facevi con le pagine leggere di TV Sorrisi e Canzoni.

22) Hai visto Maurizio Seimandi con e senza capelli.

23) A carnevale ti sei vestito almeno una volta da Zorro con i baffi disegnati col mascara e tiravi le fialette puzzolenti.

24) Hai precorso gli odierni attentati facendo esplodere le automobiline della Hot Wheels con le miccette. Preferivi di solito quelle rosse a quelle verdi.

25) Avevi le Saltafoss con gli ammortizzatori.

26) Sai che le cartoline o le carte da gioco hanno una precisa funzione, quella di simulare il rumore di un motore se fissate sui raggi della bicicletta con una molletta da bucato.

27) Per te la merenda è sempre quella e rimpiangi i tempi in cui srotolavi la spirale della girella così come facevi con le liquirizie della Haribo.

28) Ti ricordi che le caramelle Mou costavano 5 lire l'una e che dopo un po' si indurivano e gli rimaneva attaccata la carta bianca. Ma tu con tenacia le liberavi dall'involucro e rischiavi l'incolumità dei denti mordendole.

29) Il Lego era fatto di pochissimi pezzi tutti uguali e ci facevi tutto, non come ora che ogni pezzo ha una sua forma e ci fai una sola cosa. Al massimo c'erano porte e finestre.

30) Ti ricordi che i piloti dei robot nei cartoni animati avevano un collegamento neurale con il robot stesso e se quello veniva danneggiato loro soffrivano come cani.

31) Sai che il codice SYS64738 serviva per riavviare il Commodore 64 ed hai cambiato almeno una mezza dozzina di joystick Quickshot I giocando a Summer Games.

32) Sai che cos'è una sfitinzia, un Mon Clear, El Charro, la Naj Oleari.

33) Almeno una volta hai provato a prendere al volo una pila di monetine da 50 o 100 lire appoggiate sul gomito.

34) Hai visto Bonolis, pagato quanto un impiegato di banca, condurre Bim Bum Bam.

35) Hai ammirato per mesi in TV campi di fiori colorati, per poi capire che il bianco e nero era sparito definitivamente dagli schermi.

36) Sai da dove proviene la mitica frase "...e l'ultimo chiuda la porta!"

37) Sai che Carmen Villani sapeva persino cantare.

38) Ti ricordi De Michelis capellone e unto che frequentava le discoteche della riviera romagnola.

39) Ti ritrovi, senza sapere perché, a fare "nano nano" con le mani canticchiando "Io sono Mork..."

40) La pubblicità del caffè Paulista con lo slogan "Carmencita amore mio chiudi il gas e vieni via" ti sembrava eccezionale per effetti speciali.

41) Hai ricevuto in prestito da amici una rivista con le pagine incollate.

42) Ogni volta che gioca la nazionale ti viene in mente la formazione dell'82: Zoff, Gentile, Cabrini, Oriali, Collovati, Scirea, Conti, Tardelli, Rossi, Antognoni, Graziani. Ct: Bearzot

43) Tuo malgrado, conosci a memoria tutte le parole della canzone "Italiano vero" di Toto Cutugno.

44) Non hai mai perso una puntata di "Oggi cartoni animati" alle 13.00 ogni martedì e "Oggi le comiche" alle 13.00 ogni Sabato.

45) Di solito non riuscivi a sbloccare la Graziella per piegarla e caricarla in macchina in direzione del mare e ci doveva pensare tuo padre.

46) Ti stai ancora chiedendo che cazzo ci facesse Ernesto Calindri con un tavolo apparecchiato in mezzo al traffico e come mai nessuno lo ha mai travolto in pieno.

47) Andavi a letto dopo Carosello.

48) Sai fare il conto alla rovescia 3-2-1 in francese e che cosa vuol dire "Fil Rouge". Sai che Gennaro Olivieri e Guido Pancaldi erano due tizi col fischietto.

49) In un'epoca di piercing e tatuaggi tribali, ti ricordi di quando compravi le gomme da masticare e dentro ci trovavi dei tatuaggi finti da bagnare e da mettere sulla pelle.

50) Ricevevi delle chewing-gum come resto della spesa, vincendone altre a sua volta.

51) Sai che "Blitz" era un innocuo giornalino di fumetti.

52) Ti ricordi che la Rai a una certa ora finiva le trasmissioni con una specie di disegno strano che scorreva verso l'alto.

53) Ti ricordi l'immagine ed il fischio del monoscopio.

54) Conosci Alvaro Vitali da ben prima che facesse Jean Todt a "Striscia la notizia".

55) Sai che Annamaria Rizzoli non era una parente dell'editore.

56) Quando incroci un cocker per strada ti viene da dire "Hass... hass... fidanken!" Ma soprattutto sei un italiano medio di oltre trent'anni se ti sei commosso leggendo queste righe ed inoltri la mail a tutti i tuoi amici trentenni.

Perpetua

Vecchio paesino di montagna. Muore il vecchio parroco. Arrivano ad incassare il defunto. La perpetua in lacrime non smette di singhiozzare.
L'inserviente: "Su signora, non faccia cosi'!"
La Perpetua singhiozzando: "Era un brav'uomo, ci manchera' tantissimo..."
L'inserviente: "Vuole dargli un bacino prima di metterlo dentro?"
E la Perpetua ancora piu' disperata, singhiozzando dice:
"Me lo diceva sempre anche lui!!!..."

Tipo di sesso

Che tipo di "sesso" ami fare....

Sesso rumoroso:
Una donna dal medico: "Dottore ho un problema, mio marito quando raggiunge l'orgasmo, lancia un urlo uguale a quello di Tarzan."
"Questo è abbastanza naturale, non capisco quale sia il problema."
"Il fatto è che mi sveglia tutte le volte."

Sesso timido:
Mentre fanno l'amore, un uomo dice alla moglie che gli sembra rigida e inibita.
Marito: "Cara, perché non provi a mostrare le tue emozioni?"
Moglie: "Che cosa intendi dire caro?"
Marito: "Per esempio, potresti dirmi quando raggiungi l'orgasmo."
Moglie: "E' colpa mia se in quei momenti non sei mai a casa?"

Sesso tombale:
Due anziani coniugi litigano furiosamente:
Marito:
- Sulla tua tomba farò mettere una lapide con sopra scritto:
"Qui giace mia moglie Maria, fredda come in vita."
 Moglie:
- Io invece sulla tua ci farò scrivere:
"Qui giace mio marito Mario, finalmente rigido."

Sesso bugiardo:
Un uomo sposato passa l'intero pomeriggio a far l'amore con la giovane e bella segretaria. Arrivato a casa, l'uomo si rende conto d'essere molto in ritardo. Così si ferma in giardino e si aggira per un poco tra le aiuole fiorite, poi entra in casa e affronta tranquillamente la moglie.
Moglie: "E' questa l'ora di tornare a casa? Si può sapere dove sei stato?"
Marito: "Cara, ti dirò la pura verità, ho passato il pomeriggio in ufficio a far l'amore con la mia segretaria."
Moglie: "Vorresti farmi credere che quella bella e giovane ragazza è venuta a letto con un ometto attempato e insipido come te?
Marito: "Questa è la pura verità."

Moglie: Sei un bugiardo, appena sei entrato ho notato che avevi le scarpe sporche d'erba e terra, confessa che invece di andare al lavoro sei stato a giocare a golf.
Marito: "Amore hai ragione, come il solito mi hai scoperto."
Moglie: "Ormai ti conosco bene, tu le bugie non le sai proprio raccontare."

Sesso nuovo:
Un uomo coinvolto in un incidente stradale si risveglia in ospedale.
Arriva un chirurgo, il quale gli spiega che purtroppo è stato necessario amputargli il pene, ma a parte questo non ci sono altri danni.
L'uomo è disperato, ma il medico gli assicura di essere in grado di ricostruirlo, con una piccola operazione da effettuare immediatamente.
Uomo: "Per carità dottore, mi operi subito."
Medico: "C'è solo un problema, questo tipo d'operazione è considerata cosmetica e quindi non mutuabile, lei dovrebbe pagarsela interamente."
Uomo: "E quanto mi verrebbe a costare?"
Medico: "Per un pene piccolo 3.500 euro, 6.500 per uno medio, e 14.000 per quello veramente grande "
Uomo: "Stupendo, ma sono indeciso tra quello medio e quello grande, forse è meglio che chieda il parere di mia moglie."
Così dicendo l'uomo prende dal comodino il proprio telefonino, e chiama la moglie a casa, spiegandole la situazione.
Uomo: "Sì cara.. io pensavo che.. ma.. amore.. sei sicura?"
Medico: "Allora? Avete preso una decisione?"
Uomo: "Sì dottore, abbiamo deciso che preferiamo usare quei soldi per comprare una cucina nuova."

Babbo Natale

Un poliziotto a cavallo sta aspettando il verde per attraversare la strada, quando una bambina su una bicicletta nuova di zecca si ferma accanto a lui.
"Bella bici - dice il poliziotto - te l'ha portata Babbo Natale?"
"Certo che me l'ha regalata lui" risponde la bimba.
Dopo aver scrutato la bicicletta, il poliziotto consegna nella mani della piccina una multa da 5 euro. "La prossima volta - le dice - dì a Babbo Natale di mettere sulle bicicletta una luce posteriore." La bambina, per nulla intimorita, guarda il poliziotto e gli dice: "Bel cavallo, signore. Gliel'ha portato Babbo Natale?"
"Certo che me lo ha portato lui" risponde il poliziotto con aria stupita.
"Allora - continua lei - la prossima volta dica a Babbo Natale che i coglioni vanno sotto il cavallo, non sopra."

Alla mia carissima moglie:

Durante lo scorso anno ho tentato di fare l'amore con te 365 volte. Ci sono riuscito 36 volte, che significa una media di una volta ogni dieci giorni. La seguente e' una lista del perchè non ci sono riuscito più spesso:

- 54 volte le lenzuola erano pulite

- 17 volte era troppo tardi

- 49 volte eri troppo stanca

- 20 volte faceva troppo caldo

- 15 volte hai fatto finta di essere addormentata

- 22 volte avevi mal di testa

- 17 volte avevi paura di svegliare i bambini

- 12 volte era il periodo sbagliato del mese

- 19 volte dovevi alzarti presto

- 9 volte non eri nell'umore giusto

- 7 volte avevi preso una scottatura solare

- 6 volte stavi guardando il Costanzo Show

- 5 volte non volevi rovinare la pettinatura appena fatta

- 3 volte avevi paura che ci sentissero i vicini

- 9 volte avevi paura che ci sentisse tua madre

Delle 36 volte che ci sono riuscito, l'attività non e' stata soddisfacente perché:

- 6 volte eri sdraiata e non hai partecipato

- 8 volte mi hai ricordato che avevo una grata in un occhio

- 4 volte mi hai detto di fare alla svelta

- 7 volte ho dovuto svegliarti per dirti che avevo finito

- 1 volta ho avuto paura di averti fatto male perché mi e' parso che tu ti spostassi.

Al mio caro marito:

Credo che tu sia un po' confuso. Queste sono le ragioni per le quali non hai ottenuto niente di più:

- 5 volte sei tornato a casa ubriaco e hai cercato di scoparti il gatto

- 36 volte non sei proprio tornato

- 21 volte non sei venuto

- 31 volte sei venuto troppo presto

- 19 volte ti si e' ammosciato prima che tu potessi infilarlo

- 10 volte avevi i crampi alle dita dei piedi

- 38 volte ci hai provato troppo tardi

- 29 volte dovevi alzarti presto per andare a giocare a golf

- 2 volte eri stato coinvolto in una rissa e qualcuno ti aveva colpito nelle palle

- 6 volte sei venuto nel pigiama mentre ti leggevi un porno

- 98 volte eri troppo occupato a guardare il calcio in TV

Per le volte che ci siamo riusciti, la ragione per cui io stavo semplicemente sdraiata era che avevi mancato la mira e ti stavi scopando le lenzuola.

Non ho mai parlato di grata nell'occhio, ma ti avevo chiesto se mi preferivi girata o in ginocchio.

La volta che ti pareva che mi stessi spostando era perché avevi scoreggiato e stavo semplicemente cercando di respirare.......

Brevi II

Non vi da' fastidio essere nonno?" chiese un giornalista a Groucho Marx.
Groucho: "Niente affatto. Cio' che mi da' fastidio e' andare a letto con la nonna."

Al mondo ci sono 2 tipi di donne: le troie e le pure.
Le troie sono troie, le pure...pure.

A.A.A. Uomo invisibile cerca donna trasparente per cose mai viste!!

Perchè le mucche sono tristi quando le mungi?
Beh, se qualcuno ti sveglia all'alba, ti palpa le tette per 2 ore e poi non ti tromba... voglio vedere se non t'incazzi.

Cappuccetto rosso alla nonna:
"Nonna ke orecchi grandi ke hai, ke naso grande, ke occhi grandi..."
"Sient Cappuccè, si venut a purtà a marenn o romper o c**z?"

"Cara, oggi ho venduto 3 materassi e 20 mutande ed ho guadagnato 800euro........."
"Caro, io invece con 1 materasso e senza mutande ho guadagnato 2000euro."

Cosa hanno in comune un equilibrista che cammina a 150 mt di altezza e 1 che si fa fare 1 pompino da 1 vecchia?
Tutti e 2 pensano: non devo guardare giù!

Due amiche..
Una all'altra: sai ieri sera ho bevuto 3 cuba libre, 2 gin lemon e 3 vodka e sono ancora ubriaca...
L'altra: e sai io ieri sera ho preso 2 negroni e mi fa ancora male il culo...

Pilato agli ebrei: "Chi volete libero Gesù o Barabba???"
Gli ebrei: "Barabba! Barabba!" Pilato: "Ok, Barabba libero e Gesù in porta!!!"

Dracula chiese a Dio: "Vorrei essere un angelo bianco con le ali che possa ancora succhiare sangue."
Dio: "Detto fatto", e lo trasformò in un assorbente.

Un nano dice a Cenerentola: perchè hai le labbra blù?
E lei risponde: no niente ho tirato un pompino al principe azzurro...

Una ragazza va dal macellaio e dice: "Scusi, mi dà un salame?"
E il macellaio: "Certo! Lo vuole intero o a fette?"
E lei risponde: "Ma secondo lei ho una figa o un lettore CD?"

Tuo figlio fa i capricci? Non dorme? Non mangia? Piange in piena notte?
Chiamami. Anna Maria Franzoni - Cogne

"Nonno, cos'è l'AIDS?"
"Mah! Deve essere un diserbante, ho sentito dire che fa morire i finocchi...!"

"Dottore, dottore!! Sto male: mangio una mela e cago una mela! Mangio un biscotto e cago un biscotto! Mangio un pollo e cago un pollo!"
"Cosa vuole che le dica?!! Mangi merda...!"

Ieri ho visto tua moglie..sembrava un cane da caccia!"
"Ah si! Puntava le pellicce?"
"No..aveva un uccello in bocca!!!"

Ad un anziano è stato detto che mangiare pane favorisce l'erezione....
In panetteria: "Buongiorno mi da 3kg di pane?"
"3kg?? Ma guardi che le diventa duro!"
"..allora me ne dia 5kg!"

Un uomo trova la moglie a letto con un barbone.
"Ma cara che fai?"
"Caro, è solo beneficenza...mi ha chiesto se potevo dargli qualcosa che NON USAVO."

La moglie sorprende il marito che si masturba sotto la doccia e lo rimprovera.
Lui le risponde:
"Potrò pure lavarlo alla velocità che voglio!"

TESTAMENTO DI UNA VERGINE: Crematemi e spargete le mie ceneri sul pavimento, così qualcuno mi scoperà!

Un nero trovò la lampada di Aladino e espresse i 3 desideri:
"Diventare bianco, essere tra le fighe, e lavorare solo una volta al mese..."
Detto fatto... il genio lo trasformò subito in un assorbente!

Se dovesse sparire il sole giuro...prenderei il tuo viso e lo metterei al posto del sole, poi guarderei il cielo...minchia...che tempo di merda!

"Dottoressa, ho un erezione continua, giorno e notte, 24 ore al giorno, mi può dare qualcosa?"
"Vitto, alloggio e 1000 Euro al mese, di più non posso!"

In hotel un uomo urta il seno d'una signora.
Lui: "Se il suo cuore è morbido come il suo seno saprà perdonarmi."
Lei: "Se il suo uccello è duro come il suo gomito, stanza 241!!!"

Due amici si affrontano:
"Ho saputo che hai dormito con mia moglie...è vero??"
E l'altro: "No, magari!! Non mi ha fatto chiudere occhio per tutta la notte!!!!!"

LUI: Cambiamo posizione?
LEI: Si quale?
LUI: Nell'orecchio.
LEI: E se divento sorda?
LUI: Non mi sembra che tu sia diventata muta!!!

Un bambino al padre:
"Papà, papà, perchè quella gatta ha un uccello in bocca?"
"Perchè non è schizzinosa come tua madre!!"

La moglie al marito:
"Caro... Tu preferisci una donna bella oppure una intelligente?"

"Papà, ho avuto il mio primo rapporto sessuale."
"E bravo il mio ometto! A quando il prossimo?"
"Quando mi sarà passato il bruciore al culo!"

Lui: "Nessuna delle due cara...Ti amo così come sei!!!!"
Un bambino cinese chiede alla mamma:
"Mamma, chi sono i floci?"
"Sono pelsone malate."
"Malate glavi?"
"Inculabili."

Un ragazzo invita una ragazza a casa sua.
Dopo averla fatta accomodare le chiede: "Vuoi del whisky?"
E lei: "Beh, un dito."
E lui: "Non vuoi prima il whisky?"

Una vecchietta chiede a un passante:
"Scusi per andare al cimitero dove devo prendere l'autobus?"
E lui: "In faccia..."

Messaggio di benvenuto al convegno internazionale di donatori di sperma:
"Innanzitutto grazie di essere venuti!"

Due pipistrelli a testa in giù.
Uno chiede all'altro: "Qual è stato il giorno peggiore della tua vita?"
E l'altro: "Quando mi è venuta la diarrea"

I tre uomini più sfigati:
Romeo che andava a piedi anche se aveva una Giulietta;
Ulisse che ci mise 10 anni per conquistare una troia; e
Geppetto perché fece un bimbo con una sega.

La moglie trascurata dice al marito togliendosi gli slip.
"La vedi questa? Si chiama lumachina. Se la tocchi fa la bava, se non la tocchi fa le corna!"

Un uomo dal dottore:
"Sono preoccupato, quando scopo sento dei fischi"
"Ma lei quanti anni ha?"
"80"
"E allora che cazzo vuole gli applausi?"

Il marito si presenta dalla moglie con un bicchiere d'acqua e un'aspirina.
La moglie: "Ma caro, non ho mal di testa."
"Ah, fregata! Stasera si tromba!"

Attualmente la medicina studia più l'impotenza che l'Alzheimer.
Tra 20 anni avranno tutti un pene durissimo ma non ricorderanno cosa farci...

"Mamma...è vero che mi ha portato la cicogna?"
"Ma no! Comunque ti assicuro che era un gran bell'uccellone!!"

La prima notte, lui si presenta nudo col preservativo:
Lei: "Sappi che la mia non l' ha mai vista nessuno."
Lui: "Guarda il mio, ha ancora il cellofan!"

Due amici: "Tua moglie è come la prugna, fa cagare!"
L'altro: "Tua moglie invece è come la barba, me la faccio tutti i giorni..."

La differenza tra un pene e una lampada magica sta nel fatto che se strofini il pene
non è detto che chi viene è un genio.

Durante la notte, lei ansimando: "Amore vengo!"
Lui: "Anch'io tesoro!"
Il bimbo dall'altra stanza: "Anch'io voglio venire!"
Il nonno: "Ma dove cazzo andate tutti a quest'ora?"

Una ragazza telefona al suo ginecologo:
"Scusi dottore, mica ho lasciato lì le mie mutandine?"
E il dottore: "No signorina!"
E lei: "Ok, proverò dal dentista!"

Una donna si confessa dal suo parroco:
"Padre, dopo la Messa in Vaticano ho fatto un pompino al prete!"
"Figliola dì 3 Ave Maria e ricorda che la tua parrocchia è questa!"

Perche' la donazione di sperma e' più cara di quella di sangue?
Perche' e' fatta a mano...

Notizie dall'ISTAT: Sondaggio sulle gambe delle donne.
Il 10% degli uomini le preferiscono fini, il 20% muscolose.
Il rimanente 70% le preferisce APERTE!!!

Papà, cosa sono le icone?
 - Sono immagini sacre.
- E perché Windows ne ha tante?
- Perché ci vogliono i miracoli per farlo funzionare

Una notte mi alzo per andar in bagno.
Apro la porta e la luce si accende da sola.
Esco e la luce si spegne da sola.
Torno a letto e mi chiedo: avrò mica pisciato in frigo?

Appunti di lingua italiana:
TESTICOLO = da Testiculus, piccolo testimone, colui che assiste all'atto sessuale
senza prenderne parte.
Praticamente...un coglione!

Un poliziotto ad un maniaco sessuale:
"Lei ha violentato questa ragazzina, poi sua madre e in seguito suo padre.
Ha niente da dire?"
Il maniaco: "Volevo farmi una famiglia."

Ligabue canta: "Tutti vogliono viaggiare in prima."
Io l'ho fatto e ho bruciato motore e frizione......

Una banana ad un vibratore: "Perché tremi? A te mica ti mangiano!!!"

Che differenza c'è tra una zanzara e la tua ragazza?
Alla zanzara quando ti succhia non devi accarezzare la testa!

Due amiche:
"Com'è andata dal ginecologo?"
"Mi ha detto che ho un clitoride come un melone."
"Grande?"
"No, dolce!"

Categorie

La Fighetta

La categoria delle fighette e' composta essenzialmente da ragazze, in genere giovani (17-21 anni), che se la portano a spasso ridendo e scherzando con uno stuolo di amiche, in genere fighette anch'esse. La fighetta non si caratterizza per una particolare bellezza: essa semplicemente e' un tipo che sembra disponibile, da come si comporta, salvo poi rivelare un carattere da vera rompicoglioni nel momento in cui l'approccio diviene piu' esplicito...

La Gnocca

La classe delle Gnocche e' composta da elementi di sesso femminile con elevato grado di attrazione. Caratterizzata di solito da forme assai piacevoli, e' solita vestirsi in modo vistoso, gradevole e si distingue per i suoi modi sensuali e spigliati. Caratteristica fondamentale della gnocca e' il tirarsela quel tanto che serve per fare passare la voglia, ai comuni mortali non dotati di conto corrente a 10 cifre, di tentare un approccio, adducendo la solita frase "Naaa...se la tira troppo..."

La Cozza

Estremamente diffusa, la categoria delle cozze e' composta da esemplari di sesso (forse) femminile che poco hanno di umano e molto di celenterato...
La cozza ha peso variabile, non necessariamente eccessivo, ma in caso di peso "normale", l'assenza di grasso non ne pregiudica l'appartenenza alla classe, dato che normalmente le sue forme assomigliano piu' a quelle di un coccodrillo che di una donna. Non di rado, la cozza, pur di darsi un tono, se la tira come e piu' della Gnocca, ottenendo come risultato una progressiva migrazione verso la categoria delle Brutte Zitelle Scassacazzi.

La Figa Standard

Categoria molto apprezzata, quella delle fighe standard e' una famiglia di medio-bassa diffusione, composta essenzialmente da esemplari con alcune caratteristiche peculiari (o belle tette o bel culo, o altro..), ma in ogni caso di aspetto piacevole, discreta disponibilita' al dialogo e grande versatilita morale. La Figa Standard si accompagna spesso ad una o piu' Cozze, con le quali intrattiene rapporti di amicizia profonda, certa dell'assoluta impossibilita' di una qualsiasi forma di concorrenza sessuale da parte delle amiche. Il difetto fondamentale della Figa Standard e' una sua rapida declassificazione a Donna Elastico, non appena si rende conto della reale attrazione suscitata negli uomini. Questo ne rende pericolosa la frequentazione per lunghi periodi di tempo.

La Figa Pazzesca
Rarissima specie di donna, caratterizzata da un aspetto da far sbavare, curve perfette, sorriso ammaliante e abbigliamento preciso, la Figa Pazzesca e' una delle prede piu' ambite in ogni ambiente. La Figa Pazzesca e' dotata in genere di una notevole simpatia, ma spesso anche di scarsa intelligenza, che la porta a volte ad infilarsi in storie assurde con personaggi maschili che, pur di tenersela stretta, depauperano tutte le loro risorse economiche nell'attivita di correlazione: aperitivi, cenette, locali notturni e, in non rari casi, droga. La Figa pazzesca e', e rimane, un "cult" per ogni uomo che sia in grado di superare l'iniziale momento di euforia dato dalla conquista dell'esemplare.

La Donna Elastico
La Donna elastico e' una delle specie piu' diffuse. Famiglia composta sia da esemplari nativi che da ex esemplari di Figa standard, la Donna elastico vive la propria esistenza tra N frequentazioni maschili, saltando da una all'altra con la stessa facilita' con cui si cambia di abito. Generalmente dotata di scarso senso dell'autocritica, la Donna elastico e' convinta che in ogni caso il suo comportamento sia corretto, anche se contrario a qualunque morale, persino la propria. Viene detta Donna elastico per la sua flessibilità nei rapporti interpersonali: essa non predilige una particolare persona, ma si deforma secondo le esigenze del momento, mantenendo al proprio interno una fortissima componente di cinismo. Caratteristica intrinseca della Donna elastico e' la sua capacita di circuire gli uomini, facendogli credere di fare parte della famiglia delle Fighette o delle Fighe standard, per poi dimostrare, con il tempo di essere molto piu' affine alla categoria delle Troie, rendendosi pertanto molto pericolosa.

La Brutta Zitella Scassacazzo
Terribile esempio di come un essere umano possa degenerare, le Brutte zitelle scassacazzo sono una vera e propria mina vagante. Generalmente orribili, questi esseri circolano liberamente con tutto il loro pesante carico di odio e invidia verso tutti gli altri generi femminili, con la sola esclusione delle Cozze, con le quali intrattengono spesso rapporti di pettegolezzo. Spesso la Brutta zitella scassacazzi e' accompagnata dalla madre o dalla nonna, la quale fa opera di carita' al mondo, sottraendole tempo che altrimenti sarebbe destinato alla devastazione dei rapporti altrui. Purtroppo, pero', le appartenenti a questa famiglia hanno in genere una predisposizione naturale al disbrigo rapido di tutte le faccende e lavori che altri esemplari eseguono in tempi standard, rendendo quindi difficile la loro alienazione da troppo lavoro. Non sono rari i casi in cui la Brutta zitella scassacazzi, data la sua

cronica assenza dall'applicazione sessuale, perde la testa per qualche esemplare maschile, subendo una temporanea trasformazione che la riporta alla famiglia delle cozze, dalla quale passa spesso alla famiglia delle Maialone orrende senza ritegno. Tali transizioni sono generalmente temporanee, tranne in rari casi in cui l'esemplare migra definitivamente all'ultima categoria e ci resta fino alla vecchiaia.

La Donna in Carriera
La classe delle Donne in carriera sta avendo grandissima diffusione negli ultimi anni. Questa categoria e' sostanzialmente composta da donne provenienti da altre categorie, delle quali mantengono parte delle caratteristiche, aggiungendone di nuove che in alcuni casi si rivelano deleterie. Una di queste nuove caratteristiche e' l'atteggiamento "sotuttoioperchemifaccioilculoinufficioenonvogliosentirecazzateperchesonostanca" Derivata di questo atteggiamento e il cosiddetto "stress da troppi cazzi", inteso sia in senso morale che materiale. Non di rado, infatti, pur di accedere alla categoria, le donne si prestano a innumerevoli compromessi, ivi compresi quelli di natura sessuale. La febbre da carriera le costringe quindi, per mantenere il corretto "career improvement path", a costanti sessioni di seduzione sul luogo di lavoro, con notevole dispendio delle proprie risorse umane. Questo si riflette in modo molto negativo sull'eventuale partner maschile, il quale, giustamente, dopo alcuni mesi di tolleranza all'assenza di un normale equilibrio nella psiche della compagna, inizia a farsi un pochetto i cazzi propri, mollando, come si suol dire, la presa per dedicarsi ad una piu' sana attivita da scapolone. La donna in questione, resasi conto di tutto cio', in alcuni casi ritorna nella categoria di provenienza, ma di solito accede alla categoria delle Zitelle lavoratrici croniche.

La Troia
Come da definizione, la Troia e' colei la quale, pur di divertirsi, passa sopra a qualunque principio, morale o materiale. Naturalmente portata ai rapporti interpersonali, la Troia predilige spaziare in ambienti ad elevata concentrazione economica. In molti casi la Troia e' di aspetto gradevole, ed e' dotata di una notevole attrattivita. Essa e' inoltre fornita di alcune capacita' previsionali che hanno dell'incredibile: la Troia riesce, in moltissimi casi e con una semplice occhiata, ad intuire di qualsiasi uomo i seguenti dati: numero di conti correnti intestati, automobili possedute, fido della carta di credito, contanti posseduti nel portafoglio. Grazie a questa caratteristica, la Troia riesce ad approcciare qualunque uomo, sposato, fidanzato o libero, offrendo in modo piu' o meno evidente i propri favori sessuali ed iniziando una costante opera di drenaggio di capitali, adottando la tecnica dello scambio 10minutidisesso-regalinodaalmeno300sacchi.

Caratteristica distintiva della Troia e' una normale predilezione per tutti quei generi di abbigliamento che coniugano l'alta sensualita con la praticita' di svestizione. Altra caratteristica importante del loro vestiario, e' la estrema capacita di trattenere ogni sorta di fluido organico maschile, in modo da poter utilizzare l'abito come arma di ricatto...

La Suora

Nella categoria delle suore rientrano tutte quelle gentili signorine che, nonostante la loro disponibilita' al divertimento e alla vita notturna, manifestano una presumibilmente totale amenita' ai piaceri della carne. Un comportamento tipico delle suore e' il presentarsi come gentili, affabili, disponibili e soprattutto libere da ogni vincolo, suscitando una legittima curiosita' negli esemplari maschili che frequentano, dato che molto spesso gli esemplari appartenenti alla famiglia in oggetto sono discretamente attraenti. Il problema e' che, come lascia intuire il nome della famiglia, le suore sono specializzate nel portare, piu' o meno volontariamente, gli uomini ad interessarsi sessualmente a loro, per poi opporre un secco rifiuto a qualunque genere di proposta anche solo blandamente erotica. Frase tipica delle suore e': "Ma per chi mi hai presa? Per una che la da a tutti quelli che incontra?" La frase, riferita al contesto e' in effetti oggettivamente corretta, in quanto la suora, per definizione di classe, non la da assolutamente a nessuno. Questo la porta spesso ad uno stato di eccezionale depressione (una donna senza cazzo si sciupa), che viene solitamente superato praticando delle feroci sedute di autoerotismo. Come risultato di questo comportamento, la Suora tende con il tempo a migrare verso altre famiglie, soprattutto verso la famiglia delle Acidone, a volte in quella delle Zitelle lavoratrici croniche oppure, in alcuni rari casi, per compensazione di una vita di privazioni, nella categoria delle Ninfomani insaziabili.

La Maialona Orrenda Senza Ritegno (M.O.S.R.)

A questa famiglia appartengono tutti quegli esemplari femminili che, non disponendo di caratteristiche attrattive sufficienti ad attirare l'attenzione autonoma degli uomini, ricorrono al vecchio trucco di "sbatterla in faccia a tutti quelli che le capitano". Riconoscibili per l'abbigliamento succinto, dal quale si evidenzia a colpo d'occhio la trabordanza della massa grassa, le M.O.S.R. sono spesso dedite al bere, nonch'e' alla frequentazione di tutti quei luoghi di aggregazione dove abbondano degli esemplari maschili in astinenza forzata. In alcuni casi, pero', le M.O.S.R. si rivelano utili: capita infatti che qualche esemplare maschile, uscente da una relazione con un esemplare o di donna elastico o di fighetta o ancora di donna in carriera, frustrato dalla momentanea situazione di abbandono, trovi rifugio nelle attenzioni di una qualche M.O.S.R. Questo avviene perche' spesso le M.O.S.R. sono esperte in una qualche pratica erotica inusuale. Questo stimola la curiosita del maschio, il quale, dopo un breve periodo trascorso a farsi sollazzare dalla zozzona, la abbandona al suo destino per ricominciare a dedicarsi a prede piu' ambiziose.

La Zitella Lavoratrice Cronica (Z.L.C.)

Questa famiglia e' strettamente legata alla famiglia delle donne in carriera. In effetti si potrebbe definire come una sottospecie della donna in carriera, dato che normalmente l'atteggiamento e' lo stesso, tranne che per alcune caratteristiche che ci permettono di distinguere una classe dall'altra. La Z.L.C., infatti, ha perso il fondamentale interesse alla prosecuzione della carriera, in quanto ha spesso ottenuto uno stop forzato alla crescita professionale causato da un qualche errore di percorso. Ad esempio: capita che una donna in carriera, nello svolgimento delle sue funzioni, cerchi di sedurre l'uomo di una qualche altra donna in carriera piu' in alto di lei nella scala gerarchica. Questo porta la donna in carriera di rango piu' elevato a tramutarsi istantaneamente in femmina vendicativa, scatenando tutte le armi a sua disposizione per frenare l'avanzata della concorrente. La poveretta (si fa per dire) si trova a questo punto sputtanata in tutto l'ufficio e, vuoi per la vergogna o per costrizione, si rifugia nello stakanovismo piu feroce. Questo la costringe ad abbandonare ogni velleita, sia in ambito professionale che privato, lasciandola dedita solo ed esclusivamente al lavoro. Le Z.L.C. possono provenire anche da altre categorie, ma difficilmente escono dalla loro condizione per mutare di classe.

La Ninfomane Insaziabile

Come il nome lascia intuire, la ninfomane insaziabile e' quel tipo di ragazza, bella o brutta, che non puo' fare a meno di un pene per piu' di sei/otto ore. La fame di sesso di queste donne e' incredibile: esse sono addirittura disposte a raccattare i lavavetri agli angoli delle strade, pur di farsi infilare, anche se ovviamente preferiscono frequentare altri generi di esemplari maschili. In alcuni casi davvero eccezionali, la ninfomane insaziabile presenta anche le caratteristiche esteriori della figa pazzesca. In tal caso si parla di Pornodonna. La ninfomane insaziabile e' una preda discretamente ambita, pur presentando lo svantaggio di non essere assolutamente affidabile dal punto di vista psicologico. Chiunque si sposasse con una Ninfomane insaziabile avrebbe la virtuale certezza di essere cornuto gia' all'inizio del banchetto di nozze.

L' Acidona
La famiglia delle acidone comprende tutti quegli esemplari che, per un motivo o
per l'altro, non sono in grado di passare una serata in compagnia senza scazzare
con qualcuno del gruppo. Caratteristica dell'Acidona e' la sua capacita di criticare
qualunque frase le venga rivolta come se fosse un insulto nei suoi riguardi. Ad un
classico "Ciao, come stai?", l'Acidona risponde quasi immancabilmente "Che ti
frega? Fatti i cazzi tuoi!" Da questo comportamento ne deriva un generale
disprezzo nei suoi riguardi, che la porta negli anni ad inacidirsi sempre di piu',
fino a sfociare nella categoria delle Isteriche.

La Tipa
Probabilmente la categoria piu diffusa. Le tipe sono tutte quelle che si incontrano
normalmente ad una festa, che ti chiedono se gli fai accendere, se gli cambi le
mille lire, se gli reggi la borsa, ma con le quali non si intrattengono discorsi che
durino piu di 30 minuti (a dire tanto). In generale la Tipa si presenta come un
esemplare femminile normale, salvo poi presentare caratteristiche che ne
permettono una migliore classificazione in una delle seguenti sottofamiglie:
Tipa che la da
Tipa che non la da
Tipa che la darebbe ma ha il tipo
Tipa che te la faresti se non ci fosse la tua Tipa
Tipa che te la fai facendole credere che sei chissacchi e poi non la accompagni
neanche a casa

Il Puttanone
Il Puttanone e' una curiosa deviazione della tipologia Troia. Di norma, una Troia
resta semplicemente Troia, e vive la sua troiaggine piu' o meno coerentemente. In
alcuni casi, si verifica qualcosa che porta la Troia a riconsiderare la propria
condizione e, in una botta di moralismo incredibile, decide di non dedicarsi piu' al
drenaggio di capitali. Il fatto e' che essa, ormai, e' abituata a saltare da un membro
all'altro con agilita'. Questo desiderio di uscire dal proprio schema classico "la do
se cacci la lira", la porta ad intraprendere un cammino dove il bisogno di purgare la
propria anima dall'istinto meretricio le impone di fornire favori sessuali senza
richiedere nulla in cambio. Come risultato, il Puttanone scopa con le stesse
modalita' della Troia, ma non chiede nulla in cambio, se non il mero appagamento
sessuale. In questo dimostra un atteggiamento simile alla Ninfomane insaziabile,
anche se il ritmo erotico e' decisamente piu' basso. Nel caso della Ninfomane
insaziabile si tratta di bisogno fisico di cazzi, mentre il Puttanone e' piu' che altro
spinto dalla scelta personale di essere disponibile ad ogni uomo.

La Pornodonna

Definire la Pornodonna equivale ad una solenne descrizione di uno dei desideri piu' osceni di molti maschi: una donna splendida, simpatica e soprattutto assetata di sesso piu' di qualunque altra cosa. Chiaramente un esemplare del genere puo' avere il suo campo di applicazione per un periodo massimo di 10 giorni...seguire il ritmo di una Pornodonna e' pressocche' impossibile gia' se si e' dei ricconi nullafacenti, figurarsi se in piu' si e' tenuti al lavoro... Una Pornodonna rappresenta quindi un'impresa, nel vero senso del termine...ella si prestera' a qualsiasi tipo di rapporto sessuale, in qualsiasi momento e in qualunque situazione; permettera' all'uomo di turno di passeggiare amabilmente abbracciato ad una ragazza splendida, abbandonandosi alla sacrosanta bastardaggine data dal poter comunicare a sguardi ai propri amici il famoso: "Guardate un po' chi mi scopo io...". Tale sensazione, pero', e' destinata a durare poco, dato che la Pornodonna in questione non manchera' di tenere gli occhi aperti...ed in capo a poco piu' di un mese...tutti gli amici del gruppo avranno ottenuto lo stesso trattamento dalla suddetta, e gli sguardi saranno molto meno fieri....

L'Isterica

Definire l'Isterica corrisponde a dare uno sguardo un po' a tutte le donne...tuttavia ci sono alcuni esemplari che fanno dello sclero la propria ragione di vita. L'isterica non si proccupa minimamente della situazione, del momento, delle persone con cui ha a che fare, e si lascia generosamente andare a degli scatti di ira furiosa che in non rari casi sfociano in un vero e proprio attacco di violenza gratuita. Il problema e' che queste poverette non si rendono conto del fatto che la pazienza umana ha un limite, quindi, giunte all'ennesimo scazzo feroce, quando cercano per l'ennesima volta di schiaffeggiare il povero cristo di turno, perdono i sensi e si risvegliano doloranti con il tatuaggio della mano di lui sulla faccia... Di solito, a questo punto, cercano di rimediare con l'ennesima botta isterica, questa volta dominata dal pianto furioso...in soli 5 secondi, la faccia della sciagurata sembra flagellata da un monsone, con litri e litri di lacrime che si riversano al suolo, mentre dalla bocca le fuoriescono degli strani mugolii assolutamente incomprensibili. Questi momenti sono estremamente delicati: MAI COMUNICARE L'INCAPACITA' DI COMPRENDERE CIO' CHE LA MATTA DICE!! Il rischio minore e' quello di riportarla allo stadio immediatamente precedente al pianto, ossia quando pretende di mandarvi al tappeto, quello maggiore e' di ritrovarvi effettivamente al tappeto vittime di una feroce ginocchiata nelle parti basse.

Diario

ECCO LE DIFFERENZE FRA LE ANNOTAZIONI IN UN PICCOLO DIARIO
DI UN LUI E DI UNA LEI.

1. *Le annotazioni di LEI*

Sabato sera l'ho trovato un po' strano. Ci eravamo accordati per un drink in un bar.
Siccome sono stata tutto il pomeriggio con le mie amiche a far shopping, ho
pensato che era colpa mia sono arrivata con un po' di ritardo; ma lui non mi ha
detto nulla. Nessun commento. La conversazione non è stata un granché, allora gli
ho proposto di andare in un luogo più tranquillo ed intimo. Siamo partiti verso un
bel ristorante, ma lui continuava ad essere strano. Era come assente. Ho cercato di
rallegrarlo, ed ho iniziato a chiedermi se poteva essere colpa mia oppure no. Gli
ho chiesto se era a causa mia e lui mi ha risposto che io non c'entravo, ma non mi
ha convinta. Quando tornavamo a casa, in macchina, gli ho detto che lo amavo
tanto, ma lui si è limitato ad abbracciarmi senza dire parola. Non so come spiegare
il suo comportamento, non ha detto nulla...non mi ha detto che anche lui mi
amava... sono preoccupata di brutto! Finalmente siamo arrivati a casa; in quel
momento ero convinta che lui mi volesse mollare. Ho provato a parlare, ma lui ha
acceso la TV ed ha iniziato a guardarla assorto nei suoi pensieri, come cercando di
annunciarmi che tutto era finito.
Alla fine mi sono arresa e sono andata a letto. Ma dieci minuti dopo anche lui
venne a letto e, con mia grande sorpresa, ha risposto alle mie carezze, e abbiamo
fatto l'amore, anche se continuava ad essere distaccato, lontano da me. Ho cercato
di parlare della nostra situazione un'altra volta, di quanto accaduto, ma lui si è
addormentato subito. Mi sono messa a piangere, ed ho pianto per tutta la notte fino
a quando mi sono addormentata anch'io. Sono quasi convinta che lui stesse
pensando ad un'altra. La mia vita è un vero disastro.

2. *Le annotazioni di LUI*

L'Inter ha perso...meno male che almeno ho trombato...

Sorpresa II

Amore, le vedi le stelle?..ne farei orecchini per te
Amore, la vedi la luna?..ne farei un diadema per te
Amore, li vedi i pianeti?..ne farei collane per te
Allora...me la dai o devo smontare tutto l'universo??!!

Ho sfiorato il tuo viso
ho sfiorato il tuo seno
ho sfiorato i tuoi fianchi
CAZZO che mira di merda!!!

La vedi la Luna?...
la prenderei e ne farei un diadema per te...
Le vedi le stelle?...
le prenderei e ne farei degli orecchini per te...
Vedi quei pianeti?...
li prenderei e ne farei una collana di perle per te...
Me la dai o devo sfasciare tutto l'universo!!!

Relazioni di sangue
Silenziosa, entri nella mia camera,
palpi il mio corpo nudo,
finché trovi il posto più dolce e invitante,
e cominci a succhiare.
Zanzara di merda...!

Dove sei?
Amore, tu, presente del presente, dove sei? Non sei qui.
Tu, freschezza della notte, dove sei? Non sei qui.
Tu, calore del mio cuore, dove sei? Non sei qui...
Vabbè, anche stanotte andrò a puttane!

E' stato un attimo:
ci siamo guardati
e dopo mezz'ora eravamo gia' a letto.
Io nel mio, lei nel suo.

Sole

Nel mondo la povertà aumenta di continuo, ma domani il sole sorgerà ancora.

Nel mondo, le guerre mietono vittime, ma domani il sole sorgerà ancora.

Nel mondo, la fame di ricchezza distrugge ogni cosa, ma domani il sole sorgerà ancora.

Nel mondo...

Certo che il sole se ne sbatte i coglioni di quelche accade nel mondo!

Parlare va bene, ma...

Abbiamo analizzato le prospettive intrinseche della nostra storia.

Abbiamo messo a fuoco le ragioni ataviche del tuo IO,

del mio IO e del nostro NOI.

Abbiamo motivato le reciproche intenzioni

per il conseguimento della nostra felicità.

Poi è logico che viene tardi e non si scopa, eh!

Non piangere cara e cerca di capire

mi piace quando

mi accarezzi il collo

adoro sentire i tuoi buffetti

sulle guance

bellissimo quando mi copri gli

occhi e mi chiedi chi sono

però cazzo, quando guido non

mi devi rompere i coglioni!!!

Amore,

ti ho detto che due più due fa quattro

ti ho ribadito che due rette si dicono incidenti quando hanno un punto in comune

ti ho spiegato il teorema di pitagora

bene

adesso che sai la matematica puoi metterti a 90 gradi.

Amico,

ti sei fatto la barba,

ti sei messo il profumo,

hai comprato dei fiori.

E' la prima volta che vieni a puttane eh?!!!

Mi è bastato vederti da lontano,
per capire quanto era grande la tua bellezza.
Mi è bastato vederti da lontano,
per capire quanto già ti desideravo.
Mi è bastato vederti da lontano,
per capire quanto ti avevo aspettata.
Mi è bastato vederti da vicino,
per capire: "Da lontano non ci vedo proprio più un cazzo!!!"

Ogni mattina un pettirosso si alza e vola.
Ogni mattina un canarino si alza e canta.
Ogni mattina una colomba si alza e tuba.
Non importa che uccello hai,
l'importante è che si alzi!

A quella festa c'erano uomini ricchi e famosi.
Eppure, tu guardavi me.
A quella festa c'erano uomini belli e focosi.
Eppure, tu guardavi me.
A quella festa c'erano uomini giovani e radiosi.
Eppure, tu guardavi me.
Una volta che mi capita una gnocca, è strabica!

Sono solo, di notte, per la strada.
Un anziano mi consiglia di andare a casa.
Una donna passa e mi dice: "Su con la vita".
Un bambino mi prende per mano e mi accompagna in un bar...
Certo che in questo posto i cazzi suoi non se li fa nessuno!

Lo so, c'è molta dolcezza nel sorriso di un bambino.
Hai ragione... c'è molta tenerezza negli occhi di un anziano.
Certo... puoi trovare della poesia nello sguardo di un randagio.
Però, siccome questi sono 40 mq,
adesso tu, tuo figlio, tuo nonno e il cane
andate fuori dai coglioni!

SE

Se lei ti morde un orecchio,
ma quella "lei" è un rotveiller
Se lei ti dice: "lasciati andare",
ma tu sei appeso al cornicione
Se lei ha il reggiseno a balconcino,
ma le mutande a saracinesca
Se la fortuna è cieca,
ma tu sulla fronte hai scritto "sono sfigato" in braille
Se...
Se hai vinto una vacanza a Capri,
ma ci abiti da 30 anni
Se hai un sogno nel cassetto,
ma ti hanno fottuto la scrivania
Se pesti una merda e dici: "porta fortuna",
ma, cazzo, in salotto
Se...
Se hai preso il coraggio a due mani,
ma poi guardi bene, e non è il coraggio
e forse non servivano nemmeno due mani
Se il Paese va a puttane,
e sono tutti a casa tua
Se succede tutto questo,
se succede tutto questo e tu, tu riesci a mantenere la calma,
mentre tutti intorno a te hanno perso la testa,
forse non hai capito bene che cazzo sta succedendo.

Eccessivamente grassi, brutti, etc

Grassi

CHI E' TATIANA?!?
Tatiana è una ragazza come tante: ma come tante messe insieme!
Tatiana è l'amica mia grassa, tarmente grassa che
1) quanno se sdraia diventa più alta!
2) è l'unica che non è ancora entrata in Europa: nun ce passa, è rimasta incastrata alla dogana.
3) si se veste de verde pare Villa Borghese.
4) l'altro giorno l'ho accompagnata a casa dalla zia: ho dovuto fa' du' viaggi...
5) quanno cede il posto sull'autobus se siedono in quattro.
6) come reggiseno s'è dovuta cuci' du' paracaduti: c'aveva du' capezzoli dritti come chiodi. Je dico: "Tatia', che c'hai freddo?" Me fa, dice: "No, me so' scordata de toje' i paracadutisti!"
7) quanno la sarta je misura la circonferenza vita deve pija' er motorino.
8) s'è voluta fa' er piercing all'ombelico: ha dovuto usa' l'hula-hoop.
8b) ho incontrato Tatiana che m'ha detto: "A Kru', ho perso dieci chili in du' giorni!". Allora io j'ho fatto: "Embè, è la prima vorta che te depili?"
9) ha trovato lavoro in un minimarket e da quanno lei è entrata l'hanno dovuta trasforma' in un centro commerciale.
10) un giorno l'ho incontrata che stava a guida' un camion de solvente, allora je chiedo: "A Tatia', che devi fa'?" E lei: "Me devo toje lo smalto ai piedi!!!"
11) quanno je fanno l'autovelox ce vogliono tre scatti.
12) si se veste de giallo je gridano: "Taaaxiiii!!!"
13) l'ultima volta che s'è pesata la bilancia j'ha urlato: "Per favore, salite uno per volta!".
14) una volta so annata a trovalla all'ospedale e vicino al letto suo ce stava 'n'autobotte, allora je faccio: "Tatia', che è successo?" E lei: "Gnente, me stanno a fa' 'na flebo...".
15) si se veste de verde e se mette sopra ar marciapiede con la bocca aperta ci infilano dentro le bottiglie vote.
16) quanno annamo al mare io porto i remi e lei fa il gommone.
17) una volta siamo annate in Trentino in mongolfiera. Praticamente stavamo dentro a un cesto con quattro funi legate a Tatiana: le funi si so' spezzate, Tatiana è caduta in Val di Sole...l'ha oscurata!
18) quanno annamo sull'autostrada ce scortano pe' trasporto eccezionale!
19) s'è fatta casa vicino a na' risaia...Ahò, metti che se deve fa' il bagno!

20) si se mette 'na sahariana ce fanno l'ultima tappa de la Paris-Dakar.

21) la maestra a scuola je dava del voi.

22) si se veste de blu, fa notte.

23) appena semo arrivate ar Centro l'hanno guardata e hanno detto: "No, le comitive le famo 'a settimana prossima!".

24) si se mette un vestito a quadretti bianchi e rossi ce fanno sopra i picnic.

25) quanno se veste de marrone...che mondo de merda!

26) quanno se leva il reggiseno deve mettere il cartello: "PERICOLO! CADUTA VALANGHE".

27) l'ascensore je sta attillato.

28) quanno annamo al ristorante lei ordina per tutti: "Sette bucatini all'amatriciana" e il cameriere fa: "E pe' gli altri?"

29) si se veste de rosso de sera bel tempo se spera!

30) quanno semo annate co' Greenpeace a salva' Mururoa c'hanno detto: "Vabbè, ve ridiamo l'atollo ma in cambio ce date Tatiana".

31) mo s'è fissata co' la lap dance, quer ballo che se fa cor palo. E la sta a fa' a Pisa...

32) come pattini usa du' Cinquecento cabrio.

33) quanno s'è pesata l'ultima volta la bilancia gli ha urlato disperata: "Per favore te levi almeno i tacchi a spillo?"

34) quanno annamo allo stadio la fanno entra' un po' alla volta e quanno è entrata tutta la partita è finita.

35) si se veste de bianco ce fanno sopra i murales.

36) quanno uscimo insieme in macchina me devo porta' la bolla d'accompagnamento.

37) l'ultima volta che so' annata a trovalla a casa, ce stava un'impalcatura alta fino al soffitto. Allora le ho chiesto: "A Tatia', che stai a ridipinge casa?" "No", me fa lei "me sto a fa' un tatuaggio sulla spalla!"

38) si se butta in acqua arrivano i surfisti.

39) quanno se fa la sauna è grasso che cola!

40) come cotton fioc usa lo zucchero filato.

41) si se mette le calze a rete me pare 'n arrosto.

42) su' madre 'nvece de iscreverla all'anagrafe e' dovuta anna' ar catasto.

Brutti

a. SEI TARMENTE BRUTTO CHE SE T'AVVICINI AR COMPUTER PARTE L'ANTIVIRUS!!
b. SEI TARMENTE BRUTTO CHE QUANNO SEI NATO NUN C'ERA L'OSTETRICA, MA L'ESORCISTA!
c. SEI PIÙ BRUTTO DELL'AURELIA CONTROMANO
d. SEI TARMENTE BRUTTA CHE SI TE PIJANO A 'N'AGENZIA DE MODELLE TE FANNO FA' L'ANTIFURTO
e. SEI PIÙ BRUTTO TE CHE NATALE SENZA REGALI
f. SEI COSI' BRUTTO CHE SI ENTRI AR VATICANO ER PAPA TE SCOMUNICA
g. FAI TARMENTE SCHIFO, CHE QUANNO TE SPECCHI NER TEVERE, MUOIONO PURE LI PESCI
h. LA MATINA SE FA ER TRUCCO CO' 'R LIMONE
i. SEI TARMENTE BRUTTO CHE TUA MADRE QUANNO HA VISTO ARRIVA 'A CICOGNA, L'HA PRESA A SASSATE
j. SEI COSI' BRUTTO CHE 'E ZANZARE TE PIZZICHENO CO' L'OCCHI CHIUSI
k. LA NATURA FA BRUTTI SCHERZI, MA A TE T'HA PROPRIO PRESO PE' 'R CULO!

Stupidi

a. SEI TARMENTE STUPIDO CHE SI VAI AR CINEMA E LEGGI "VIETATO AI MINORI DI 18" RITORNI CO' 17 AMICI
b. ÈSSE STUPIDI È 'N DIRITTO, MA CERTO CHE TE TE N'APPROFITTI
c. C'HAI LA CAPOCCIA TARMENTE VÒTA CHE SI TE METTI LI TAPPI PE' L'ORECCHIE TE CASCHENO DENTRO

Simpatici

a. SEI SIMPATICO COME 'NA LETTERA MINATORIA

'Orecchioni'

a. C'HAI DU' RECCHIE TARMENTE GROSSE CHE SE CE CAPIVI DE DIGITALE VEDEVAMO TELE+
b. C'HAI DU' RECCHIE CHE VICINO A TE ER CELLULARE PIJA A PALLA

Calvi

a. MA CHE TE PETTINI CO' 'A PELLE DE DAINO?
b. MA CHE C'HAI LI CAPELLI SOTTO TRACCIA?
c. MA T'HANNO TRAPIANTATO 'NA CHIAPPA 'N TESTA O SEI CARVO DE TUO?

Bassi

a. SEI TARMENTE BASSA CHE NUN TE METTI LI TAMPAX SINNÒ ANCIAMPICHI SU 'A CORDICELLA
b. SEI TARMENTE BASSO CHE QUANNO T'ALLACCI 'E SCARPE DEVI ARZÀ LE BRACCIA

Inutili

a. SEI PIU' INUTILE DE 'NA TETTA PELOSA SU 'N CINGHIALE MASCHIO

'Aitanti'

a. C'HAI ER FISICO DA SOLLEVATORE DE POLEMICHE
b. E' ROBBA CHE PE' SPORT TIRI ER RISO A LI MATRIMONI
c. C'HAI 'N FISICO DA DOMATORE DE VONGOLE

Cornuti

a. SEI COSI' CORNUTO CHE SI TE VEDE 'N CERVO VA 'N DEPRESSIONE

Zozzi

a. SEI TARMENTE ZOZZO CHE ACE GENTILE NUN TE FA GNENTE. TE CE VO' ACE 'NCAZZATO

Domande e risposte

Perche' il Signore ha inventato l'uomo?
Perche' il vibratore non e' in grado di tosare l'erba del giardino.

Qual'e' la differenza tra un uomo ed un cane?
Dopo un anno il cane e' ancora eccitato quando ti vede.

Perche' la psicoanalisi e' molto piu' veloce negli uomini?
Quando devono tornare alla loro infanzia...gia' ci sono.

Cos' hanno in comune il clitoride, un anniversario ed il water?
Gli uomini li sbagliano sempre.

Qual e' l'idea che gli uomini hanno di "Lavori domestici"?
Alzare la gamba affinche' la donna possa passare con l'aspirapolvere.

Perche' gli uomini preferiscono sposare una vergine?
Perche' non gradiscono le critiche.

Perche' agli uomini piace l'amore a prima vista?
Perche' risparmiano tempo.

Perche' la vedova nera uccide il compagno dopo la prima notte?
Per stroncare il russare sul nascere.

Come si puo' capire che un uomo sta pensando al futuro?
Perche' compra 2 pacchi di lattine di birra anziche' uno.

Perche' gli uomini inseguono donne che non hanno intenzione di sposare?
Per lo stesso motivo per cui i cani inseguono le auto che non hanno intenzione di
guidare.

Perche' gli uomini sono come i tosaerba?
Sono difficili da mettere in moto, emettono cattivo odore e la meta' delle volte non
funzionano.

Perche' andare a letto con un uomo e' come una "Soap opera" ?
Perche' sul piu' bello finisce e ti da' appuntamento alla prossima puntata.

Marito: "Facciamo una sveltina?"
Moglie: "Abbiamo anche un'alternativa?"

Cos'hai quando tieni in mano due palline?
La piena attenzione di un uomo.

Perche' l'uomo e' come una tempesta di neve?
Perche' non sai quando viene, quanti cm. ti dara' e quanto tempo dura.

Perche' e cosi' difficile per una donna trovare uomini carini, gentili e sensibili?
Perche' di solito hanno gia' un ragazzo.

Qual e' l'idea che gli uomini hanno del "sesso sicuro"?
Una testata del letto imbottita!

Qual e' l'idea che gli uomini hanno dei preliminari?
Mezz'ora di suppliche.

Successo

Due amiche si incontrano dopo tanto tempo: "Sai, ho guadagnato un sacco di soldi!"
"E come hai fatto?".
"Un'intuizione. Un giorno passavo attraverso i campi e ho visto alla mia destra un campo di mandarini e alla mia sinistra un campo di arance, così ho pensato di fare dei mandaranci. E' stato un successo popolare."
Un anno dopo le due amiche si incontrano nuovamente.
L'amica meno ricca dice all'altra:
"Sai, ho guadagnato un sacco di soldi!"
"Come?"
"Passavo attraverso i campi e ho avuto un'intuizione: alla mia destra c'era un campo di pompelmi e alla mia sinistra un campo di pini.
UN SUCCESSO MONDIALE!"

Buon compleanno

Due settimane fa ho compiuto gli anni. La mattina del mio compleanno mi sono alzato ed ero un po' giù di morale. Sono andato a fare colazione sperando che mia moglie mi dicesse: "Buon Compleanno!" e mi facesse una sorpresa dandomi un regalo. Invece mi ha detto solamente: "Buongiorno".
I miei figli si sono seduti a tavola e l'unica cosa che mi hanno detto è stata: "Abbiamo bisogno di un aumento della paghetta!"
Così sono andato a lavorare ancora più depresso, però, appena entrato in ufficio, la mia segretaria (25enne e carina) mi è venuta incontro esclamando: "Buon Compleanno!" Mi sono sentito subito meglio: per lo meno qualcuno si era ricordato!
Ho lavorato normalmente fino a mezzogiorno quando la segretaria mi ha chiamato proponendomi di andare a mangiare insieme; ho accettato dicendole che era la proposta migliore che potesse farmi.
Abbiamo scelto un ristorante molto accogliente, abbiamo mangiato con calma e poi siamo andati da un'altra parte a bere un drink. E' stato tutto molto bello e mentre tornavamo in ufficio la segretaria mi ha detto: "Visto che oggi è un giorno importante, perché anziché tornare subito al lavoro non andiamo a casa mia a rilassarci un po'?"
Le ho risposto allibito che era un'ottima idea. Appena entrati nel suo appartamento, lei mi ha detto: "Se non le dispiace desidererei mettermi qualcosa di più comodo", ed io le ho risposto che non c'era alcun problema... Così è entrata in camera sua.
Dopo un minuto ne è uscita..................con una grande torta di compleanno seguita da mia moglie e dai miei figli con i quali cantava in coro: "Tanti auguri a te, tanti auguri a te!", mentre io ero in piedi in mezzo al salotto, nudo, con addosso solo un paio di calzini corti.
Adesso ditemi: ho fatto bene o no a licenziare quella testa di cazzo della mia segretaria???

Supposta

Anche una piccola supposta ha la sua dignita'. Quando e' chiamata a compiere il suo dovere lo fa fino in fondo e senza mai guardare in faccia nessuno. Si mette subito in cammino cercando umilmente la propria strada. E se qualcuno le si para davanti dicendole con presunzione ed arroganza: "Lei non sa chi sono io" quasi sempre si tratta di uno stronzo.

Appassionato di motociclette

Gigi e' molto appassionato di motociclette, vuole comprare una Harley Davidson.
Spulcia diversi annunci, ne trova uno conveniente e va a vedere il mezzo.
La moto é in condizioni perfette: cromature brillanti, motore a posto.
Sembra nuova.
Ho un segreto, spiega il vecchio proprietario, basta che ungi con la vasellina le
parti cromate quando piove e la moto resterà perfetta!!
Gigi compra la moto e tutto contento se ne va a casa.
La sera stessa la sua ragazza lo invita per la prima volta a cena a casa sua.
Lui decide di andare con la moto nuova, sarà una sorpresona.
Arrivato a casa della ragazza, lei lo accoglie sulla porta e gli dice: non stupirti se a
tavola nessuno parlerà, nella mia famiglia è consuetudine che il primo che parla
lavi i piatti.
Gigi entra e vede pile di piatti sporchi dappertutto: in cucina, in salotto, in bagno....
Si siede a tavola con la sua ragazza, i genitori e la zia.
Comincia il pranzo e nessuno parla, un silenzio di tomba.
Arrivati al secondo, Gigi non ce la fà più, guarda la sua ragazza e pensa:
voglio proprio vedere se non dicono niente !!!
La corica sul tavolo e se la fa. Nessuno parla.
Trascorso ancora qualche minuto, sbircia la giovane zia e pensa:
stavolta qualcuno dirà qualcosa!
La corica sul tavolo e si fa anche lei, ma nessuno apre bocca.
Gigi rivolge allora lo sguardo verso la matura, ma prestante madre della ragazza, la
corica sul tavolo e si fa anche lei, ma ancora nessuno fiata.
Al momento del caffè, in un silenzio sempre più tombale ed imbarazzante, Gigi
sente un tuono, guarda fuori dalla finestra e vede che piove.
Ricordandosi la sua moto nuova, tira fuori il tubetto di vaselina, quando il padre
sbotta:
E VABBE', BASTA!!! LI LAVO IO 'STI CAZZO DI PIATTI!!!

In copisteria

Un ragazzo cliente: "Quant'è pe' la fotocopia?"
La ragazza del negozio: "So' 20 centesimi de euro."
Il ragazzo si stupisce per il costo eccessivo, e lei spiega: "Te l'ho fatta a mano..."
Lui: "Ah, e si me la facevi de bocca quant'era?"
(la ragazza ride divertita)

Ricordi

Una donna si sveglia una mattina e si accorge che il marito non è a letto. Indossa la vestaglia e va nel soggiorno per cercarlo. Lo trova seduto al tavolo della cucina mentre tiene in mano una tazza di caffe. Lo guarda mentre si pulisce una lacrima da un occhio e sorseggia il caffe.

"Cosa c'è caro?", gli sussurra... "Come mai sei qui a quest'ora?"

Il marito si gira verso di lei, "Ti ricordi vent'anni fa quando uscivamo le prime volte ed avevamo solo 16 anni?"

"Certo che mi ricordo", risponde lei.

"Ti ricordi quando tuo padre ci ha sorpresi nel sedile posteriore dell'auto mentre facevamo l'amore?"

"Sì che mi ricordo!" Esclama lei avvicinandosi alla sedia dove è seduto.

Il marito continua: "E ti ricordi quando tuo padre mi ha puntato il fucile in faccia dicendo: 'O sposi mia figlia o ti mando in galera per vent'anni?'"

"Certo amore, mi ricordo anche questo", replica lei teneramente.

Mentre si pulisce un'altra lacrima dalla guancia lui dice "Beh, sarei uscito oggi..."

Primo appuntamento

Una giovane ragazza deve uscire al primo appuntamento e sta ad ascoltare i consigli della mamma:

- Allora, senti, se lui ti bacia lascialo fare, se lui ti accarezza va bene ma se lui ti tocca tra le gambe gli devi dire: "No, questo e' un forno che brucia."

E' tutto chiaro?

- Si mamma!

La sera quando lei rientra, la mamma e' ancora sveglia e aspetta.

- Allora, com'e' andata?

- Ho seguito i tuoi consigli, mamma.

- Cioe'?

- Lui mi ha baciato ed io l'ho lasciato fare, mi ha accarezzato e l'ho lasciato fare; poi mi ha toccato sotto e gli ho detto: "No, e' un forno che brucia."

- E lui che ha fatto?

- Lui mi ha detto: "Ho una salsiccia, me la fai cuocere?"

Beh, saro' stata due ore a farla cuocere ma quando l'ho messa in bocca era ancora cruda.

Juego

Tre messicani sono seduti all'ombra dei loro sombreri e fanno la siesta, ad un tratto uno dice agli altri:
- Amigos inventiamo un juego per passare il tempo?
Gli altri due accettano, e i tre si mettono a pensare. Dopo pochi minuti uno dice:
- Amigos ho inventari un juego!
E gli altri due chiedono:
- Che juego?
- Il calcio!
Gli altri due chiedono:
- E come si juega?
- Ci vogliono 22 giocatori, 1 arbitro, 2 guardalinee, 1 palla...
I due dicono subito: "No no, troppo compliqueto!", e tornano pensare.
Dopo pochi minuti il secondo dice:
- Amigos ho inventato un juego!
E gli altri due chiedono:
Che juego?
- Il tennis!
- E come si juega?
- Ci vogliono 2 giocatori, 2 racchette, 1 rete, 1arbitro...
- No no, troppo compliqueto! - e tornano a pensare.
Dopo pochi minuti il terzo dice:
- Amigos ho inventari un juego!
- Che juego?
- Il golf!
- E come si juega?
- Ci vogliono: una mazza, delle palle e un buco...
Il primo dice:
- Io metto la mazza!
Il secondo dice:
- Io metto le palle!
Il terzo dice:
- E io non juego!

Cognata

Ero felice:

Io e la mia ragazza eravamo fidanzati da cinque anni, ormai, e finalmente avevamo deciso di sposarci. I miei genitori ci aiutavano in tutti i modi, ...gli amici ci incoraggiavano, ...e la mia ragazza...? Beh, lei era un sogno! C'era solo una cosa che mi preoccupava, e mi preoccupava molto: sua sorella minore.

La mia futura cognata aveva vent'anni, portava minigonne e magliette attillate, e ad ogni occasione si chinava quando era davanti a me, mostrandomi le mutandine. Lo faceva sicuramente apposta, non capitava mai davanti ad altri.

Un giorno la sorellina mi chiamò e mi chiese di andare da lei a darle una mano a controllare gli inviti di nozze. Era sola quando sono arrivato. Mi sussurrò che io fra poco sarei stato sposato, che lei provava per me dei sentimenti e un desiderio ai quali non poteva e non voleva resistere. Mi disse che avrebbe voluto far l'amore con me almeno una volta prima che io mi sposassi e legassi la mia vita a sua sorella.

Ero totalmente scioccato, non riuscivo a spiccicar parola.

Lei disse: "Io sto andando al piano di sopra, nella mia camera da letto, se te la senti, vieni su con me e io sarò tua."

Ero stupefatto. Ero congelato dallo stupore, mentre la vedevo salire lentamente le scale. Quando raggiunse il piano superiore, si voltò, si tolse i pantaloncini e me li lanciò contro.

Rimasi lì per un momento, poi presi la mia decisione:

mi voltai e andai dritto alla porta d'ingresso, l'aprii e uscii dalla casa andando dritto verso la mia macchina.

Il mio futuro suocero erà lì che mi aspettava. Con le lacrime agli occhi, mi abbracciò e mi disse: "Siamo felici che tu abbia superato la nostra piccola prova! Non potevamo sperare in un marito migliore per nostra figlia. Benvenuto nella nostra famiglia!"

La morale di questa storia?

Conservate sempre i preservativi in macchina.

Due medici

Due medici dopo un congresso scopano a letto. Alla fine lui dice:

"Dall'abilita delle tue mani scommetto che sei ginecologa!"

"E tu anestesista!"

"Ma come fai a dirlo?"

"Non ho sentito niente!"

Perennemente stanco

"Dottore, sono perennemente stanco, non so più come fare!"
"Soffre di insonnia?"
"No, dormo 8 ore al giorno, ma sono comunque stanco morto."
"Beve?"   "Macchè, zero alcol."
"Fa uso di droghe?"   "Niente di niente."
"Vita sessuale?"   "Regolare, direi."
"Quante volte fa l'amore con sua moglie?"
"Mah, la mattina appena alzati un paio di volte, a volte tre. Quasi mai quattro."
"Accipicchia! Complimenti! E lo fate solo di mattina?"
"Beh, no. Le spiego. Lavoro in un'agenzia di selezione di fotomodelle. Sa' com'è.
Quelle farebbero di tutto per la carriera. Insomma, mi capisce. A volte capita che ci
scappi una scopatina."
"Ah, capisco.. E quante volte accade?"
"Mah, verranno si e no 10 ragazze nella mattinata, e di solito almeno una
scopata con ognuna ci scappa"
"Mi faccia capire. Lei esce di casa dopo aver fatto l'amore 3 volte con sua moglie e
nel giro di una mattinata se ne fa altre 10?"
"Appunto. Capisce che quando torno a casa non posso fare insospettire mia moglie.
Quindi, di solito, torno e ci infiliamo a letto, ma non ne facciamo mai più di due o
tre. Giusto per non insospettirla."
"Accipicchia! Mi immagino che poi passi il pomeriggio in coma."
"Macchè! Mi tocca tornare a lavoro, fino alle 8, e continua la solita rumba!"
"Ho capito bene? Mi sta dicendo che le capita anche il pomeriggio di fare
l'amore?"
"Si, una decina di volte, non di più."
"Ma lei è incredibile! Mi dica, la sera?"
"Mah, che vuole, si mangia, una sveltina prima della televisione, e poi a
letto. Facciamo sempre l'amore 2 volte prima di addormentarci."
"E' incredibile... Il suo caso mi pare chiarissimo. Lei ha una vita sessuale
troppo intensa!"
"Dice, dottore?"
"Ma certo! La causa della sua stanchezza è certamente questa."
"Dottore, ma ne è proprio sicuro? Dice che sono sempre stanco perchè scopo un
po' troppo?"
"Sicuro!"
"Meno male, pensavo che fossero le seghe!!!!"

Costumi sessuali

L'universita' di Miami esegue una ricerca sui costumi sessuali degli italiani.

Prima tappa in Italia dello studioso incaricato e' Palermo.

"Mi scusi", dice l'intervistatore ad un tipico macho palermitano,

"Lei che posizione assume quando fa l'amore???"

"Cacommu quale posizione pigghiu, quella classica, l'uomo sopra e la fimmena sotto", risponde l'isolano.

"E lei cosa ci vede in questa posizione?", chiede l'intervistatore.

"A supremazia dell'uomo su a fimmena", risponde l'uomo.

Seconda tappa a Milano: classico Commenda milanese.

"Mi scusi che posizione assume quando fa l'amore?"

"Beh mi sembra un classico... il tipico smorzacandele... la donna sopra e l'uomo sotto", risponde il Cummenda.

"E lei cosa ci vede in questa posizione?"

"Ma... sicuramente... il massimo guadagno con il minimo sforzo"

Terzo intervistato un classico coatto romano.

"Mi scusi che posizione assume quando fa l'amore?"

"E che ce sta' da dillo ....a pecorina"

"E lei cosa ci vede in questa posizione???"

"Beh l'anno scorso cosi' me so visto tutta a coppa UEFA!!"

Re Artu'

Un giorno Re Artu', camminando nel suo castello, vede su un muro la scritta "ARTU' E' CORNUTO" eseguita con la pipi'.

Il re, estremamente adirato, chiama Merlino e gli chiede di impiegare tutti i suoi magici poteri per individuare il colpevole al fine di giustiziarlo.

Dopo giorni di estenuanti ricerche Merlino si reca da Artu' e molto seriamente gli dice: "Senti, sono riuscito a scoprire il malfattore, ma ho da darti due notizie, una brutta e l'altra tremenda".

Artu', un po' preoccupato, chiede subito la brutta notizia, al che Merlino risponde: "L'esame delle urine ha dimostrato che la pipì è del tuo amico Lancillotto!"

Artu', completamente distrutto chiede allora quale può essere la notizia tremenda, e Merlino:

"La calligrafia e' di tua moglie Ginevra..."

Cenerentola

Cenerentola ora ha 75 anni, e si trova agli sgoccioli di una vita passata felicemente assieme a suo marito, il Principe Azzurro, che è morto da pochi anni.

Passa le sue giornate nel terrazzo di casa sua, seduta in una sedia a dondolo, osservando il mondo con il suo gattone Bob sulle ginocchia, felice.

Una bella sera, da dentro a una nuvola scende all'improvviso la Fata Madrina.

Cenerentola le domanda:

- Cara Fata Madrina! Dopo tanti anni ti rivedo! Cosa ci fai qui?

E la Fata risponde:

- Cenerentola, dall'ultima volta che ti ho vista hai vissuto una vita esemplare. C'è qualcosa che io potrei fare per te? Qualche desiderio che ti potrei concedere?

Cenerentola è confusa, allegra e arrossendo dall'emozione, dopo aver pensato per un po' mormora: - Mi piacerebbe essere immensamente ricca.

In un istante la sua vecchia sedia a dondolo diventa d'oro massiccio.

Cenerentola è impressionata. Il suo fedele gatto Bob si spaventa e si allontana dalla sedia. Cenerentola grida:

- Grazie Madrina!

La Fata allora dice:

- Non è niente, te lo meriti! Cosa ti piacerebbe come secondo desiderio?

Cenerentola china il capo, osserva le impronte che il tempo ha lasciato nel suo corpo, e dice:

- Mi piacerebbe essere giovane e bella di nuovo.

Quasi contemporaneamente, lei si ritrova la sua bellezza giovanile.

Cenerentola comincia allora a sentire cose che ormai non ricordava quasi più: passione, ardore, ecc.

Allora la Fata le dice:

- Ti resta un ultimo desiderio. Che cosa vuoi?

Cenerentola osserva il suo povero micione spaventato e dice:

- Vorrei che tu trasformassi il mio fedele Bob in un bellissimo giovanotto.

Magicamente, Bob si trasforma in un magnifico uomo, così bello che le rondini non possono evitare di fermare il loro volo per fermarsi ad ammirarlo.

La Fata Madrina dice:

- Auguri, Cenerentola. Goditi la tua nuova vita.

E parte veloce come una scintilla. Durante qualche magico istante, Cenerentola e Bob si guardano con tenerezza. Poi Bob le si avvicina, la prende tra le sue possenti braccia e le mormora teneramente nell'orecchio:

- Scommetto che ora sei pentita di avermi castrato!

Natura news

Se tu urlassi per 8 anni, 7 mesi e 6 giorni,
produrresti abbastanza energia sonora per riscaldare una tazza di caffe'.
(Non mi sembra che ne varrebbe la pena)
Se tu producessi costantemente flatulenze per 6 anni e 9 mesi,
il gas risultante fornirebbe energia equivalente a quella di una bomba atomica.
(Questo potrebbe avere piu' senso)
L'orgasmo di un maiale dura 30 minuti.
(Nella mia prossima vita voglio essere un maiale)
(Come hanno fatto a scoprirlo, e PERCHE'?)
Per sbattere la tua testa contro un muro sono necessarie 150 calorie all'ora.
(Non riesco a lasciar perdere quella cosa dei maiali)
(A casa meglio di no. Forse al lavoro?)
Umani e delfini sono le uniche specie che fanno sesso per piacere.
(E' per questo che Flipper sorride sempre?)
(E i maiali hanno orgasmi di mezz'ora? Non mi sembra giusto)
Chi usa la mano destra vive, in media, nove anni piu' a lungo dei mancini.
(Se sei ambidestro fai una media?)
Una formica puo' sollevare 50 volte il suo peso, puo' trascinare 30 trenta
volte il suo peso, e cade sempre alla sua destra se intossicata.
(Per aver bevuto una bottiglia di...?)
(Ma i contribuenti pagano le tasse per sovvenzionare questo tipo di ricerche?)
Gli orsi polari sono mancini.
(E chi lo sa? E chi se ne frega? E come lo hanno capito?)
Un pesce gatto ha piu' di 27.000 papille gustative.
(Ma cosa ci sara' di cosi' saporito sul fondo di uno stagno?)
Una pulce puo' saltare una distanza pari a 350 volte la lunghezza del suo
corpo. E' come se un uomo potesse saltare da un capo all'altro di un campo di
calcio. (30 minuti... ma ti rendi conto?? E perche' proprio i maiali?)
Uno scarafaggio decapitato sopravvive nove giorni prima di morire.
(Che schifo)
Il maschio della mantide religiosa non puo' accoppiarsi finche' la sua testa e'
attaccata al corpo. La femmina da' inizio all'accoppiamento decapitando il
maschio. (Tesoro, sono a casa. Che cosa...)
(Beh, alla peggio i maiali possono prendersi una pausa...)
Alcuni leoni si accoppiano piu' di 50 volte al giorno.
(Nella mia prossima vita voglio comunque essere un maiale... qualita', non
quantita')

Le farfalle sentono i sapori con i piedi.
(Oh, cielo) (E' anche peggio dei pesce gatti)
L'occhio dello struzzo e' piu' grande del suo cervello.
(Conosco persone cosi')
Le stelle marine non hanno cervello.
(Conosco anche persone cosi')

Caduta

Una splendida donna, ancora vergine, sporgendosi dalla finestra dell'ultimo piano
di un grattacielo perde l'equilibrio e cade di sotto....

Al 40° piano un uomo la vede arrivare e si sporge e la prende al volo per i
pantaloni.....
LEI - salvami salvami....
LUI - me lo fai un pompino?
LEI - io non faccio pompini a nessuno
LUI - allora muori - e la lascia andare....

Al 30° piano un altro uomo la vede arrivare e si sporge per prenderla al volo....
LEI - salvami salvami....
LUI - mi dai la gnocca?
LEI - io non do la gnocca a nessuno
LUI - allora muori - e la lascia andare....

Al 20° piano un altro uomo la vede arrivare e si sporge per prenderla al volo....
LEI - salvami salvami....
LUI - mi dai il tuo culetto?
LEI - io non do il mio culetto a nessuno
LUI - allora muori - e la lascia andare....

Al 10° piano un altro uomo la vede arrivare e si sporge per prenderla al volo...
LEI - salvami salvami....ti faccio un pompino, ti do la gnocca e ti do anche il mio
culetto!!!! Salvami!!!!
LUI - la solita zoccola..... e la lascia andare....

Morale : è meglio darla via subito che tirarsela tanto.

Il sesso e' un ottima medicina

1) Il sesso è un buon trattamento. Test scientifici hanno scoperto che quando le donne fano sesso producono un ormone (estrogeno), in grado di rendere i capelli lucidi e la pelle liscia.

2) Il sesso gentile e rilassante riduce le possibilità di dermatiti e pelle rovinata, pulisce i pori e rende la tua pelle brillante.

3) Il sesso brucia le calorie che hai ingerito durante la tua romantica cenetta ...

4) Il sesso è lo sport migliore. Tonifichi e fai streching con tutti i muscoli del tuo corpo. E' più piacevole di 20 vasche a nuoto e non ti servono speciali scarpe da ginnastica.

5) Il sesso è una cura immediata per la depressione. Rilascia endorfina nel sangue. Produce un senso di euforia e ti lascia con una sensazione di benessere.

6) Più sesso ti danno e più ne offri. L'attività sessuale produce una grande quantità di pheromons, ciò fa impazzire l'altro sesso.

7) Il sesso è il miglior tranquillante del mondo. La sua efficacia è 10 volte superiore al Valium.

8) Un bacio al giorno toglie il dentista di torno ... i baci producono una quantità di saliva in grado di sciacquare il cibo dalla tua bocca, abbassare il livello di acidità che causa le carie e prevenire la formazione della placca.

9) Il sesso può diminuire l'emicrania. Fare l'amore abbassa la tensione che restringe i vasi sanguigni del cervello.

10) Molto sesso può liberare il naso. Il sesso è un antistaminico naturale. Può aiutare a combattere l'asma e la febbre alta.

Acquisti

Non ho comprato una collana che mi piaceva
perché nel cartello "si infilano collane"
non era specificato dove.

Prezzi

Una puttana chiede all'altra:
"E tu cosa hai chiesto a Babbo Natale quest'anno?"
"Cinquantamila, come a tutti gli altri!"

Romane

Lui e lei in macchina una sera che piove e non possono fare l'amore:
Lui: "Prrrr!" (scureggia)
Lei: fa finta di niente...
Lui: ari prrr.
Lei: rifà finta di niente.
Lui: mentre scureggia nuovamente passa il dito sul finestrino appannato per coprire il rumore.
Lei: "A bello... Pe' 'r rumore avemo risolto, mo' pe' la puzza come cazzo volemo da fa'?"

Due romani s'incontrano: "Ciao, come stai?"
"Ma sta' bbono va', c'ho certi cazzi per culo! La gatta m'ha fatto 15 cuccioli, che cazzo ce faccio?"
"E buttali, no?"
"Ma sei 'n animale!"
"Ma per buttare intendo dire di lasciarli lontano da casa, magari vicino a qualche centro sportivo, che se troveno da magna' e da vive. Per esempio, tu abiti a S.Giovanni, li porti ar fosso de la Marana, vicino al Tennis Club e hai risolto!"
"Buona idea! Te faccio sape'!"
Passa un giorno e lo richiama: "Aho! Ma ce credi? So' ritornati tutti e 15 a casa, stamattina! Ma come cazzo hanno fatto!?"
"E' un istinto! Nun te preoccupa', portali più lontano, al Quarto Miglio, via de Tor Carbone, davanti ar centro sportivo!"
Passa un giorno e ritelefona all'amico: "Ahoo! Porca mignottaccia lurida 'nfame! So' ritornati a casa a 'ffette, da soliii!!"
"Ah ssì? A mali estremi... prendi la Via dei Laghi, imbocca via Spinabella, appena hai passato l'Helio Cabala, prendi il quarto sterrato a destra, fai 2,38 Km e becchi le grotte 'ndo se rifugiavano li nonni durante 'a guèra, precisamente la settima sul primo dislivello a sinistra, entri, fai 400 mt, fino a che muore in un anfratto, li lasci lì e te li levi dar cazzo! Chiaro?"
"Chiarissimo! Grazie, sei proprio un amico!!"
Passano due mesi e mezzo e lo richiama:
"Ma l'anima de li mortacciacci tua!!! Si nun era pe' li gatti, cor cazzo che ritornavo a casa!!!"

Sulla corriera Eur-Nettuno:
All'autista, una ragazzina che vuole scendere dalla porta posteriore: "A capooo!

Che m'apri de dietro?".
L'autista: "Come no! E se vieni qua, t'apro pure davanti!"

Due amici al bar:
Mario: "A Gigé, hai mai toccato 'a fregna co' 'r collo?"
Gigetto: "No!"
Mario: "'Nfatti 'o sospettavo che quanno t'hanno messo ar monno sei uscito dar culo!"

Lui: "Ammazzete quanto sei brutta!"
Lei (indispettita): "No! E comunque sò bella dentro!"
Lui (di rimando): "E allora scuojete e famme vede!"

In discoteca:
Lui: "Che bèr culo! Ma è tutto er tuo?"
Lei: "Perché? I cojoni li spartisci co' tu' fratello?"

Lei passeggia spensierata con il gelato in mano; un ragazzo la ferma e le dice:
Lui: "Che me fai da' 'na leccata?"
Lei: "No!"
Lui: "E ar gelato?"

Anziana signora al volante che rimane ferma al semaforo:
Tizio: "A signò so' finiti li coloriiiii!"
Tizio: "Se pò sapè che colore je piace?... Ho capito... Quanno li servimo li pasticcini?"

Sentita a Via del Corso:
Lo zoro: "A bbella, ma 'ndó lo porti 'sto culo, a spasso?!"
La zora (che non ha apprezzato il complimento): "No, lo porto ar Verano a cacà sull'anima de li mortacci tua!"

Sentita davanti al Piper.
Una ragazzina 15enne si gratta "in quel posto", si gira verso l'amica ed esclama: "Me prude lo squarcio!"

Ragazzo: "Ammazza che culo!"
E la ragazza sorridente, voltandosi:
"Te piace?! Viè a casa co' me che mi' padre te 'o fa tale e quale!"

Ragazzo: "Ahó, c'hai er culo ch'è com'er sòno de 'n mandolino!"
Ragazza: "Sì ma pe' te nun sòna!"
Ragazzo: "E ce lo sapevo ch'era rotto!"

Tra fidanzati:
Lei: "Ammazza quanto sei stronzo!".
Lui: "Mica è córpa mia se mi' madre m'ha cacato pe' forza."

Durante una festa, prova microfono:
"Prova sa... sa... sa... uhm, sa de cazzo 'sto microfono."

Tra due fidanzati. Lui punta un'altra:
Ragazza: "Anvedi 'sta troia!"
Ragazzo: "Sarà pure 'na troia, ma vedi si me metto 'na fetta de prociutto 'ntorno ar cazzo che pompe che me fa... Te mortacci tua sei vegetariana!"

Sentita ad Ostia:
Ragazzo: "Elisa, viette a fa' 'r bagno."
Ragazza: "No, è che c'ho la patata co' 'r ketchup."

Tratto da un film. Il figlio trova il padre settantenne con due prostitute:
Padre: "Che me li lasci i sòrdi pe' pagà 'ste due?"
Figlio: "Ma nun te ne bastava una?"
Padre: "Pe' me è terapeutico come 'na medicina!"
Figlio:"Ma la USL nun te 'e passa?"
Padre: "La USL nun passa 'n cazzo, figurete si me passa 'a fica!"

Un cliente rivolgendosi ad un oste:
"Ahó, portame da beve che stò lucido come 'n mocassino!"

In discoteca.
Ragazzo alquanto ubriaco a ragazza alquanto bruttina:
"Ahó, ma quanto sei brutta!"
La ragazza alquanto indispettita: "Ammazza quanto sei 'mbriaco!!"
Ragazzo: "Sì, ma a me domani me passa..."

Ragazzetto: "A nonné, c'hai l'anni der cucco!"
Vecchietto: "A pisè, aricordete che mòreno più abbacchi che pecore vecchie."

MARITO & MOGLIE nella camera da letto; il marito arrapatissimo dice alla moglie:
"A nì, viè qua che stasera te faccio vede li sorci verdi!"
Lei gli risponde in quanto mestruata: "Ehhh... no amore della passerina tua. Questa sera stò a ritinteggià 'a SALA GIOCHI!"

Per la strada un tizio con l'auto cambia marcia grattando rumorosamente e una ragazza, dal marciapiede, gli urla:
"Oh, che hai cambiato?"
E lui: "No, sto sempre co' quella troia de tu' sorella!"

Tra amici:
"Ammazza quant'è secca 'a tu' rigazza!"
"Ma se je dò mezzo metro de salame ar giorno!"

Io guidavo. Una bodrillona attraversa la strada.
Il mio amico accanto a me: "Ahó, mettila sotto, che si je giramo 'ntorno nun ce basta 'a benza!"

Ciccione in canottiera nella metro nell'ora di punta, ha attaccato davanti una bella signora alta con i capelli lunghi; questa in continuazione agita la testa e si tocca i capelli che gli vanno di continuo in faccia.
Lui (erre moscia): "A signorì, i capelli!"
Lei (si gira e lo guarda da capo a piedi): "Ma guardi che io i capelli me li lavo tutti i giorni!".
Lui (disinvolto): "A signorì, guardi che pur'io me 'e lavo 'e palle, però mica je le metto 'n bocca!"

Una ragazza senza mutande sta andando in giro in bicicletta.
Ad un tratto un sasso la fa sbandare e cade in terra a gambe levate,
mostrando quello che avete immaginato.
Ad un passante accorso per soccorrerla, lei fa:
"Eeeeeh, ha visto cos'è la fretta?"
E lui:
"Eeeeeh, ho visto... ho visto..... solo che al mio paese si chiama FREGNA!!!!"

Esami

Esame di anatomia, scena muta sugli organi genitali femminili.
Il professore, sadicamente, dice con disprezzo allo studente:
"Guardi, le do 20,000 lire, lei stasera tardi va nella zona del porto e vedrà quante signorine le spiegano volentieri queste cose..."
Lo studente incassa (in tutti i sensi) e torna all'appello successivo.
Conquistato un soffertissimo 18 e firmato lo statino lo studente mette 10,000 lire in mano all'incredulo professore, commentando: "Sua moglie prende di meno."
(Accaduta a: Genova, facoltà di Medicina. Una variante e attribuita anche al professor Trevisan, Analisi per Ingegneria, Università di Padova).

Professore: "E' in grado di dirmi quale organo dei mammiferi riesce, una volta eccitato, a raggiungere dimensioni pari a sei volte le dimensioni dell'organo a riposo?"
Studentessa (nota appartenente a C.L.I.) (arrossendo terribilmente): "Non saprei..."
Professore: "Non lo sa proprio? Ci pensi, non e difficile!"
Studentessa (sempre più a disagio): "Non mi viene in mente niente..."
Professore: "Su, pensi alla vita di tutti i giorni..."
Studentessa (in grave imbarazzo): "Beh..."
Professore: "Forza signorina, si butti!"
Studentessa: "Il pene?"
(Scoppia un boato nell'aula)
Professore (calmissimo): "Complimenti a lei e al suo fidanzato, signorina. Comunque l'organo è la pupilla".
(Riferita come raccontata da due persone che all'epoca dei fatti – primi anni '90 - erano assistenti di un docente alla facoltà di Biologia a Milano).

Esame di Citologia:
Professore: "Mi dica, giovanotto, qualcosa del tessuto vaginale."
Studente: "Il tessuto vaginale e' cigliato e..."
Professore: "Mi scusi, ma ne e' sicuro?"
Studente: "Sì, sì, è cigliato!"
Professore: "Non ricorda neppure un proverbio che ho citato al riguardo?"
Studente: "Ma veramente..."
Professore: "La devo bocciare, ma si ricordi: dove passa il treno non cresce l'erba."
(Sentita a Parma, Facoltà di Medicina e Chirurgia)

Si racconta di un professore con l'abitudine di usare un intercalare piuttosto volgare durante le lezioni.
Un giorno le ragazze che seguivano il suo corso, esasperate, si misero d'accordo per uscire in blocco dall'aula alla prima parolaccia che il professore avesse pronunciato; i ragazzi, però, vennero a conoscenza della cosa e riferirono tutto al professore.
Così il professore il giorno dopo entro in aula dicendo: "Ho visto fuori dalla porta un elefante con un cazzo lungo così!"
Immediatamente, come d'accordo, le ragazze si alzarono e fecero per andare verso la porta, ma lui le blocco' dicendo: "Non correte, e già andato via..."
(Attribuita al professor Paolo Silvestroni, autore del famoso testo di Chimica Generale)

Una giovane e bella studente va alla lavagna per sostenere l'esame di Idraulica.
Il professore le da un gesso in mano, quindi dice:
"Bene, signorina, dunque, vediamo un po'... Ecco, si, mi faccia una pompa!"
L'aula e' esplosa in quasi un minuto d'orologio di applausi e grida varie.
(Sentita a Genova).

Si racconta che durante una lezione di chimica un professore sia entrato in laboratorio con in mano un barattolo pieno di piscio dicendo:
"Due buone qualità per un chimico sono ingegno e concentrazione.
L'ingegno vi potrebbe far scoprire che un metodo semplice per scoprire la presenza di zuccheri nelle urine e assaggiarle".
Detto questo mette un dito nel piscio e poi lo lecca.
"Qualcuno vuole provare?"
Uno studente che non crede che quello sia piscio ci mette dentro il dito e lo lecca, sentendo che era proprio piscio.
Al che il professore continua:
"La concentrazione invece vi potrebbe far scoprire che ho immerso il medio e ho leccato l'indice."
(sentita anche una versione analoga del docente di anatomia che fa la stessa cosa durante un'autopsia, infilando il dito nel...)

Università di Roma, lezione di Biologia.
Il prof parla dell'alto livello di glucosio presente nel seme maschile.
Una ragazza alza la mano e chiede: "Se ho ben capito nel seme c'e' molto glucosio, come nello zucchero?".
"Esatto" risponde il prof., e la ragazza perplessa ribatte: "Ma allora perché non è

dolce?"
Dopo un momento di silenzio gelido la classe esplode in una risata fragorosa; la faccia della ragazza diventa paonazza e rendendosi conto della gaffe, raccoglie i libri e scappa via.
Mentre sta uscendo di corsa dalla classe, sopraggiunge la risposta compassata del prof.: "Non e' dolce perché le papille gustative che percepiscono i gusti dolci sono sulla punta della lingua e non in fondo, vicino alla gola..."

Questa è il riscatto delle donne.
C'e' un professore di non so quale materia (anatomia forse..) che si diverte a mettere in imbarazzo le studentesse.
A una ragazza chiede: "Cos'è quella cosa che lei ha e io no... che lei sa usare bene e io no... da cui trae piacere e io no..."
La ragazza: - " Il cervello?"

Queste sono le **regole degli uomini**:
(notare che sono tutte numerate "1" diproposito)

1 - Le tette sono fatte per essere guardate ed è per questo che lo facciamo. Non c'è modo di modificare questo comportamento.
1 - Imparate ad usare la tavoletta! Siete ragazze robuste:
se è su tiratela giù. A noi serve su, a voi serve giù. Noi non ci lamentiamo mai quando la lasciate giù.
1 - Domenica = sport. E' un evento naturale come la luna piena o il cambiamento delle maree. Lasciatelo così.
1 - Fare shopping NON si può considerare sport.
1 - Piangere è un ricatto.
1 - Se volete qualcosa, chiedetelo. Cerchiamo di essere chiari. "Sottili" sottintesi non funzionano. "Forti" sottintesi non funzionano. "Ovvi" sottintesi non funzionano. Semplicemente DITELO.
1 - "Sì" e "No" sono risposte perfettamente adeguate praticamente a tutte le domande.
1 - Sottoponeteci un problema solo se vi serve aiuto per risolverlo.
Serviamo a questo. Per la solidarietà ci sono le vostre amiche.
1 - Un mal di testa che dura da 17 mesi è un problema. Fatevi vedere da un medico.
1 - Qualunque cosa abbiamo detto 6 mesi fa non è utilizzabile in una discussione.
Più precisamente: il valore di qualunque affermazione scade dopo 7 giorni.

1 - Se pensate di essere grasse, probabilmente lo siete. Non chiedetecelo.

1 - Se qualcosa che abbiamo detto può essere interpretata in due modi e uno dei due vi fa arrabbiare o vi rende tristi, intendevamo l'altro.

1 - Potete chiederci di "fare qualcosa" o dirci "come volete che sia fatta". Non tutte e due le cose contemporaneamente. Se poi sapete il modo migliore per farla, potete benissimo farvela da sole.

1 - Quando possibile, parlate durante la pubblicità.

1 - Cristoforo Colombo non aveva bisogno di qualcuno che gli indicasse la rotta. Noi nemmeno.

1 - TUTTI gli uomini vedono in 16 colori, come le impostazioni base di Windows. "Pesca", per esempio, è un frutto, non un colore. Anche "melone" è un frutto. "Malva" non abbiamo la più pallida idea di cosa sia.

1 - Se prude, grattatevi. Noi facciamo così.

1 - Se chiediamo cosa c'è che non va e voi rispondete "niente", ci comporteremo esattamente come se non ci fosse nulla che non va. Sappiamo perfettamente che state mentendo, ma così ci risparmiamo un sacco di fastidi.

1 - Se ponete una domanda a cui non volete una risposta, aspettatevi una risposta che non volevate sentire.

1 - Quando dobbiamo andare da qualche parte, tutto quello che indossate è bellissimo. Davvero!

1 - Non domandateci mai a cosa stiamo pensando, a meno che non siate pronte a sostenere un dialogo su:
- sesso,
- sport,
- automobili.

1 - I vestiti che avete sono più che sufficienti.

1 - Le scarpe, invece, sono troppe!

1 - Noi siamo perfettamente in forma: "tondo" è una forma.

Grazie per aver letto queste regole. Sì, lo so, stanotte dormirò sul divano. Ma a noi uomini non importa: è un po' come andare al campeggio...

Alito

Il suo alito era davvero puzzolente.

Dopo sei mesi di una massiccia cura a base di sciroppi e sciacqui al gusto di pino silvestre, tornò al lavoro.

Appena apri' la bocca sembrò come se qualcuno avesse fatto un'enorme cagata in mezzo alla pineta.

Brevi III

La cocaina?!? Io?!? Per carità...!! Mi piace l'odore e basta."

Berlusconi o Rutelli?
Era come scegliere tra la vaselina e il burro.
E il culo comunque era il mio.

Il deserto del Sahara è in Africa.
Su questo non ci piove.

Quando di notte soffro d'insonnia prendo dei lassativi.
Non dormo lo stesso, ma almeno ho qualcosa da fare.

Nell'acquario ho messo dei pesci che ho preso a Rimini.
Ogni tanto ci piscio dentro per farli sentire a casa.

Se non puoi chiedere la mano alla ragazza che ami... usa la tua.

In un'ipotetica scala di valori per me il sesso è solo al terzo posto.
Dopo le tette e la figa.

Taxi scomparso. E' un giallo.

Il Papa ha detto che la verginità è un dono.
Bene. Donatela più spesso!

Le stelle marine non hanno cervello. (Conosco anche persone con questo difetto)

Una ballata
Una ballata è un colpo di testicolo.

Sogni:
Vorrei disboscare l'Amazzonia per mettere a tacere Sting.

Domande esistenziali
È meglio un paraculo nel carro o un paracarro nel culo?

MORALE ZEN

Un cavallo depresso si sdraia e non vuole più saperne di rialzarsi.
Il fattore disperato, dopo aver provato di tutto, chiama il veterinario.
Questi, arrivato in loco, visita l'animale e dice al fattore:
"Casi così sono gravi; l'unica è provare per un paio di giorni a dargli queste pillole:
Se non reagisce sarà necessario abbatterlo."
Il maiale ha sentito tutto e corre dal cavallo:
"Alzati, alzati, altrimenti butta male!!!"
Ma il cavallo non reagisce e gira la testa di lato.
Il secondo giorno il veterinario torna e somministra nuovamente le pillole.
Dice poi al fattore: "Non reagisce: aspettiamo ancora un po', ma credo non ci sia
alcunchè da fare."
Il maiale ha sentito tutto e corre ancora dal cavallo:
"Devi ASSOLUTAMENTE reagire: guarda che altrimenti sono guai!!!"
Ma il cavallo niente.
Il terzo giorno il veterinario verifica l'assenza di progressi e, rivolto al fattore:
"Dammi la carabina: è ora di abbattere quella povera bestia."
Il maiale corre disperato dal cavallo:
"Devi reagire, è l'ultima occasione, ti prego, stanno per ammazzarti!!!"
Il cavallo allora si alza di scatto e comincia a correre, a saltare gli ostacoli ed
accennare passi di danza.
Il fattore è felicissimo e rivolto al veterinario gli dice:
"Grazie! Grazie!!! Lei è un medico meraviglioso, ha fatto un miracolo!
Dobbiamo assolutamente fare una grande festa:
Su, presto, ammazziamo il maiale!!!"

Morale Zen:
FATTI SEMPRE I CAZZI TUOI!!!!!!!!!!!!!!!!!!!!

Farfallina

Una bambina di 5 anni va dalla mamma e le chiede:
"Mammina, che cos'ho qui?", indicando in mezzo alle gambe.
La mamma, un po' imbarazzata: "Una farfallina, amore."
E la bambina:
"Ma proprio sulla figa!?"

Lingua italiana

La lingua italiana contiene sottigliezze stupefacenti. Eccone alcune relative a termini che assumono un significato particolare se riferiti ad un uomo mentre assumono sempre lo stesso identico significato se riferito ad una donna.

Un cortigiano: un uomo che vive a corte
Una cortigiana: una mignotta

Un massaggiatore: un Kinesiterapista
Una massaggiatrice: una mignotta

Un professionista: un uomo che conosce bene la sua professione
Una professionista: una mignotta

Un uomo di strada: un uomo duro
Una donna di strada: una mignotta

Un uomo senza morale: un politico
Una donna senza morale: una mignotta

Un uomo pubblico: un uomo famoso, in vista
Una donna pubblica: una mignotta

Un segretario particolare: un portaborse
Una segretaria particolare: una mignotta

Un uomo facile: un uomo con il quale è facile vivere
Una donna facile: una mignotta

Un intrattenitore: un uomo socievole e affabulatore
Una intrattenitrice: una mignotta

Un adescatore: un uomo che coglie al volo persone e situazioni
Un'adescatrice: una mignotta

Un uomo molto disponibile: un uomo gentile e premuroso
Una donna molto disponibile: una mignotta

Un cubista: un uomo che dipinge
Una cubista: una mignotta

Un uomo d'alto bordo: un uomo che possiede uno scafo d'altura
Una donna d'alto bordo: una mignotta

Un tenutario: un proprietario terriero con una tenuta di campagna
Una tenutaria: una mignotta (che ha fatto carriera)

Un passeggiatore: un uomo che cammina
Una passeggiatrice: una mignotta

Un uomo con un passato: un uomo che ha avuto una vita che vale la pena di raccontare
Una donna con un passato: una mignotta

Un maiale: animale da fattoria
Una maiala: una mignotta

Uno squillo: il suono del telefono
Una squillo: una mignotta

Un uomo da poco: un miserabile da compatire
Una donna da poco: una mignotta

Preghiere

All'ora di Catechismo il prete chiede ai bambini:
"Ricordatevi che i bambini buoni dicono le preghiere tutte le sere."
Un bambino risponde:
"La mia mamma ed il mio papa' dicono sempre le preghiere!"
Il prete si incuriosisce: "E che preghiere dicono?"
"La mia mamma dice: "Dio mio, vengo!", ed il mio papa': "Cristo, aspettami!"

Frasi famose

Oggi sono andato all'Ikea per comperarmi una mensola. Non l'ho trovata e sono uscito con un salmone. Sono tornato a casa, l'ho aperto e, vaffanculo, era da montare!
Claudio Batta

La mia vita sessuale è talmente scarsa che sto partecipando ai campionati mondiali di astinenza. Nelle semifinali incontrerò il Papa.
Guy Bellamy

Avete visto la pubblicità dell'American Express?
- Sono felice con la mia carta di credito. (Valentino)
- Grazie al cazzo, anche noi saremmo felici con la tua carta di credito!
Alessandro Di Carlo

Sì, ma Clinton doveva immaginarlo che la Lewinsky non avrebbe tenuto la bocca chiusa!
Renato Trinca

Può darsi che anticamente l'uomo avesse più organi sessuali: tre piselli, da cui la famosa frase: "Che cazzo vuoi?"
Roberto Benigni

Quello che ha inventato la ruota era un idiota.
E quello che ha inventato le altre tre che era un genio.
Sid Caesar

Quella del sesso è un'arte che non credo di possedere. Ieri una prostituta con cui ero già stato un paio di volte mi ha tirato fuori la scusa del mal di testa.
Mirco Zilio

Il bue quando cade è felice perchè si fa la bua.
Tiziano Sclavi

Quando prendete il Viagra buttatelo giù in fretta: c'è il rischio che vi diventi duro il collo.
Lesley Stahl

(A un pescatore su una spiaggia toscana)
- Pesca?
- No, sto facendo tiro alla fune con uno che sta all'Elba.
Giorgio Panariello (Bagnomaria)

Una donna di 84 anni mi ha chiesto di aiutarla ad attraversare la strada.
Io l'ho aiutata, però a quell'età dovrebbe iniziare a cavarsela da sola.
Stefano Zaccarella

Ma parità dei sessi vuol dire che dobbiamo avercelo lungo tutti uguale?
Mr. Forest (Michele Foresta)

(Rivolto a un beduino nel mezzo del deserto)
- Ammazza che spiagge che c'avete!
Alberto Sordi

VIAGGIATORE: Quando parte 'sto cesso di treno?
CONTROLLORE: Appena si riempie di stronzi. Salga.
Gianni Ippoliti

ALE: Io ho la chitarra di Chopin.
FRANZ: Non dire cagate che Chopin non ha mai usato la chitarra.
ALE: Infatti è nuova, è ancora imballata!
Ale e Franz

PROF: Chi sa cos'è l' H2SO4?
STUD: Io lo so è... è... ce l'ho sulla punta della lingua...
PROF: E allora, imbecille, sputalo che è acido solforico!

VERA: Per esempio... se Cristo suonasse oggi alla sua porta lei lo riconoscerebbe?
QUELO: Certo...
VERA: Come può esserne così sicuro?
QUELO: Il citofono è rotto da due anni.
(Corrado Guzzanti)

DIZIONARIO RAGIONATO DELLA LINGUA ROMANA
Ovvero espressioni il cui utilizzo e' sconsigliato nelle seguenti circostanze :
a) Primo approccio con una avvenente fanciulla
b) Alterco con omaccione corpulento
c) Colloquio di lavoro

1. AGGIORNAMENTI

- TE PIO PE' LE RECCHIE E TE ARZO COME LA COPPA UEFA:
riferito a persona che non e' piu' sopportabile

- STUCCAME ER CORNICIONE DER CAZZO:
da non usare come complimento

- IN CULO TE C'ENTRA, MA IN TESTA NO:
dicesi di persona con problemi di comprensione

- TE SMONTO E DO FOCO ALLE ISTRUZIONI:
mi appresto ad una operazione irreversibile sulla tua persona

2. ESPRESSIONI ESORTATIVE

- VATTELA A PIJA' 'NDER CULO DE RETROMARCIA:
ti prego cortesemente di liberare questo luogo dalla tua nefanda presenza

- STAMME A 'N PARMO DAR CULO:
il tuo comportamento irritante impone che ti mantenga ad opportuna distanza

3. ESPRESSIONI VOLTE AD ESPRIMERE GIUDIZI SU PERSONE O COSE

- JE PESA ER CULO:
dicesi di persona particolarmente pigra

- E' SIMPATICO COME 'NA MANO AR CULO:
dicesi di persona che ha difficoltà ad integrarsi in un gruppo

- T'HA SVAPORATO ER CERVELLO:
dicesi a persona che ha detto una grossa cretinata, idiozia

- C'HAI ER NASO COSI' LUNGO CHE NUN TE SE CHIUDE LA CARTA D'IDENTITA':
hai un naso spropositatamente grande (versione surreale)

- C'HAI ER NASO COSI' LUNGO CHE SE DICI DE NO A TAVOLA, SPARECCHI:
hai un naso spropositatamente grande (versione catastrofica)

- C'HAI ER NASO COSI' LUNGO CHE SE ERI 'NA PECORA MORIVI DE FAME:
hai un naso spropositatamente grande (versione bucolica)

- C'HAI 'NA NASCA CHE DA PICCOLO TU MADRE DOVEVA PIJA' LA MACCHINA PE VENITTE A 'MBOCCA':
sono affascinato dalle abnormi dimensioni del tuo naso

4. MINACCE ED INSULTI

- TE SPORVERO/TE SPARECCHIO LA FACCIA:
ti prendo a ceffoni sul viso

- TE PARCHEGGIO 'NA MANO IN FACCIA:
vedi sopra

- TE MISCHIO COME UN MAZZO DE CARTE/TE RIBARTO COME 'NA COTOLETTA:
rivedi sopra

- TE RIVORTO COME 'N CARZINO/'NA CARZA/ TE APRO COME 'NA COZZA:
rivedi sopra

- TE APRO COME 'NA SDRAIO/ TE CHIUDO COME 'NA GRAZIELLA:
rivedi sopra

- ME T'APRO COME 'N DIVANO LETTO/'NA COZZA/'NA TELLINA:

rivedi sopra

- TE APRO COME 'N FIASCO DE VINO/'NA DAMIGIANA:
rivedi sopra

- TE GONFIO COME 'NA ZAMPOGNA/ TE SUCCHIO COME 'N
GAMBERETTO:
rivedi sopra

- TE DO 'NA PIZZA CHE T'ARESTANO PE' VAGABONDAGGIO:
rivedi sopra

- TE 'NFILO 'NA MANO 'N CULO, TE SFILO LA SPINA DORZALE E TE CE
FRUSTO:
rivedi sopra

- TE FACCIO 'N BUCO 'N TESTA E ME TE BEVO COME 'N OVETTO
FRESCO:
rivedi sopra

- TE PIJO PELLE RECCHIE E TE SCARTO COME 'NA GOLIA:
il tuo atteggiamento mi ha irritato, per cui credo operero' un movimento
rototraslatorio sulle tue estremita auricolari

- TE PIJO PE' LI BUCHI DER NASO E T'ARIBBARTO COME LI PORPI:
mi hai fatto perdere la pazienza a tal punto da spingermi a sottoporti allo stesso
trattamento che subiscono i polipi (gli si rovescia la testa per ucciderli)

- TE METTO 'N DITO 'N BOCCA, UNO AR CULO E TE SCIAQQUO COME
'NA DAMMIGGIANA:
vedi sopra

- TE GIRO COME 'NA TROTTOLA CHE QUANNO TE FERMI I VESTITI SO'
PASSATI DE MODA:
tramite un'abrasione maxillofacciale ti procuro un movimento rotatorio durevole
nel tempo

- TE FACCIO DU' OCCHI NERI CHE SE TE METTI A MASTICA 'ER
BAMBU' ER WWF TE PROTEGGE:

ti sto per fare due vistosi ematomi sugli occhi

- TE DO' 'N CARCIO AR CULO CHE SE PER ARIA NUNTE PORTI DA
MAGNA' TE MORI DE FAME:
la potenza del mio piede e' direttamente proporzionale all'irritazione dovuta alla tua
presenza

- ME TE METTO 'N TASCA E TE MENO QUANNO CIO' TEMPO:
indica disprezzo per la consistenza fisica dell'avversario

- SONA SULLA PANZA DE TU' MADRE GRAVIDA, COLL'OSSA DE LI'
MEJO MORTACCI TUA:
pesante insulto finalizzato al coinvolgimento del maggior numero possibile di
parenti vivi, morti e nascituri

- T'ATTEGGI, T'ATTEGGI, MA SUR CAZZO MIO NUN CE SCUREGGI:
"non darti troppe arie che con me non attacca"

- FATTE LA MAPPA DE LI' DENTI, CHE MO' TE MISCHIO:
ti prendo a ceffoni

- SI' TE PIJO TE SDRUMO:
se hai a cuore la tua salute, evita di passarmi accanto

- TE DO 'N CARCIO AR CULO CHE TE CE LASCIO DENTRO 'A SCARPA:
il mio piede sta per raggiungere violentemente le tue natiche

- TE DO LI SCHIAFFI A DUE A DUE FINCHE' NUN DIVENTENO DISPARI:
ti faccio male all'infinito

- TE DO' 'NO SCHIAFFO CHE 'R MURO TE NE DA' 'N'ALTRO:
percuotero' il tuo viso con una tale forza che riceverai una spinta uguale e contraria
dal muro accanto a te

- C'HAI PIU' COMPLESSI DER CONCERTO DER PRIMO MAGGIO:
dicesi di persona che si fa molti problemi inutili

- TE FICCO DU' DITI NER CULO, TE APRO COME 'NA BOLLETTA DER
GAS E ME TE LEGGO L'INTESTINO:

tramite la sodomia, voglio risvegliare l'aruspice (indovino che legge il futuro nei visceri degli animali sacrificati) che e' in me

- TE METTO 'NA MANO AR CULO E TE PORTO A SPASSO COME 'N CREMINO:
voglio dimostrare a tutti la mia superiorita' nei tuoi confronti

- SONA 'N MEZZO ALLE COSCE DE TU' MOJE CHE CE STA PIU' TRAFFICO:
smettila di suonare il clacson della tua automobile

- M'HAI SCUCITO LA FODERA DER CAZZO:
mi hai palesemente seccato

- TE STACCO LI DITI E CE GIOCO A SHANGAYE:
mi hai fatto arrabbiare

5. APPREZZAMENTI ED ESPRESSIONI A SFONDO SESSUALE

- SCIAQUA 'A SELLA CHE STASERA SE CAVARCA:
cerca di avere un igiene intima accurata perche' ti attende un rapporto sessuale molto intenso e logorante (per lo piu' rivolto ad una ragazza)

SOLO 'N GIORNO E GIA' E' PASSATA A LI' MICROFONI:
dicesi di ragazza ben disposta nello svolgere particolari pratiche orali

- C'HO 'L CRATERE CHE ME SBRODA:
espressione prettamente femminile per esprimere l'intenzione di avere un rapporto sessuale con un ragazzo

- E' MEJO CORTO CHE TAPPA CHE LUNGO CHE SCIAQUA:
frase da rivolgere con sufficienza a coloro i quali si vantano di improbabili misure del proprio "membro"

- C'HAI ER CAZZO COLL'IMPUGNATURA ANATOMICA:
sei troppo dedito a certe attivita manuali solitarie

- TE FIOCINO ER CULO:
frase utilizzata sovente all'inizio di un amplesso

- TE RETTIFICO LA VENA CACATORIA:
ti provochero' lesioni anali permanenti

- C'HAI 'N CULO TARMENTE BASSO CHE TE PUZZA DE PIEDI:
se un giorno diventerai famosa, non sara' certo per le doti del tuo fondoschiena

- E' USCITO FORI MEJO PINOCCHIO CO' 'NA SEGA CHE TE CO' 'NA
SCOPATA:
la natura non e' stata benevola con te

- TE CURO CO' 'NA SUPPOSTA DE CARNE:
se non la smetti infilerò il mio membro nel tuo pertugio anale

*6. ESPRESSIONI VOLTE A SOTTOLINEARE UNA PERSONALE CONDIZIONE
IGIENICO-FISIOLOGICA*

- C'HAI L'ASCELLA PICCANTE (per Cocis):
hai un alto tasso di sudorazione ascellare

- C'HAI L'ASCELLA COMMOSSA (vedi sopra):
vedi sopra

- C'HO 'NO STRONZO 'N FORIGIOCO:
devo necessariamente espletare i miei bisogni fisiologici

- C'HO 'NO STRONZO CHE STA' A PACCA'/POMICIA'COR CULO/+E
MUTANDE:
vedi sopra

- C'HO 'NO STRONZO CHE ME PARLA IN 7 LINGUE:
vedi sopra

- A OGNI SCOREGGIA CHE SPARO C'HO 'O STRONZO CHE ME FA
CAPOCCELLA:
vedi sopra

- ANDO' STA' ER CESSO CHE DEVO DA LIBERA' ER PRIGIONIERO
NEGRO?

potresti cortesemente indicarmi la toilette che ho un bisognino da espletare?

- STO A FA' 'N BRACCIO DE SCIMMIA:
produrre un escremento che, per lunghezza, colore e diametro, ricorda l'arto di un primate

- C'HO 'NA SVAMPA 'N CANNA CHE HIROSHIMA 'N CONFRONTO E' 'NA MICCETTA:
il boato conseguente alla mia flautolenza potrebbe avere conseguenze disastrose

- FAI TARMENTE SCHIFO CHE QUANNO TE FAI LA DOCCIA LE VERRUCHE SE METTONO LE CIAVATTE:
dicesi di persona poco incline alla pulizia del proprio corpo

7. I GRANDI CLASSICI

- ME PARI ER CANE DE MUSTAFA' CHE O PIJA AR CULO E DICE CHE STA A SCOPA':
sei un individuo non molto fortunato che non dice sempre il vero

- FAMO COME L'ANTICHI, CHE MAGNAVANO LE COCCE E CACAVANO LI FICHI:
in risposta al quesito sul da farsi, chiamiamo in causa l'antica saggezza dell'Urbe

- MI' NONNO DICEVA: MEGLIO ER CULO GELATO CHE 'N GELATO AR CULO:
non fidarti mai di chi non conosci bene

- SE TE VEDE LA MORTE, SE GRATTA:
hai l'ingrata fama di iettatore

- C'HAI 'NA SFIGA TARMENTE GRANNE CHE SE TE CASCA 'R CAZZO TE RIMBARZA 'N CULO:
non sei una persona estremamente fortunata

- TE DEVI FA UN CLISTERE DE CERAMICA, COSI' DIVENTI UN BEL CESSO DE' LUSSO (citazione da Thomas Milian in "Delitto al ristorante cinese"):
temo che tu non mi sia molto simpatico, ne' ti reputo granche' bello

- CHI S'ESTRANEA DA 'A LOTTA E' 'N GRAN FJO DE' 'NA MIGNOTTA:
colui che non prende parte di buon grado alle scorribande collettive, puo' andare tranquillamente a darsi fuoco

- SE 'NVECE DER VITELLO TE DANNO ER MULO, TU MAGNA, STATTE ZITTO E VAFFANCULO:
proverbio popolare indicante l'unico modo possibile per reagire alle truffe (dal film "Fracchia la belva umana")

- FIODENA (fio de 'na mignotta):
espressione dispregiativa "munita di dignita' letteraria" (P. Pasolini)

- GIAMAICA (gia m'hai cacato il cazzo):
mi hai annoiato fino all'insopportabile

- MASTICA (ma 'sti cazzi):
la cosa non mi sfiora minimamente

- ...E SI' MI' NONNO C'AVEVA CINQUE PALLE ERA 'N FLIPPER:
commento sarcastico relativo ad una situazione difficile a verificarsi

- ME PIACEREBBE STA' 5 MINUTI DENTRO 'A TESTA TUA PE' RIPOSAMME 'N PO':
mi ritengo particolarmente stanco

San Valentino

Due amiche stanno discutendo tra loro:
"Allora, come va con Marco?"
"Bene, mi porta fuori a cena questa sera per San Valentino!"
"Ma si e' dichiarato, ti ha espresso qualcosa?"
"Veramente lui mi ha detto che e' per l'amore platonico..."
"E che vuol dire?"
"Boh! Pero' nel dubbio mi lavo bene sia davanti che dietro"

Lo sapevate che

In Libano gli uomini possono per legge avere rapporti sessuali con animali, purche si tratti di femmine. Avere rapporti sessuali con un animale maschio e un reato punibile con la morte.
(COSI' la cosa ha un senso).

Nel Bahrain, la legge consente a un medico di sesso maschile di fare una visita ginecologica a una donna, ma non di guardare direttamente i suoi genitali. Puo' soltanto vederli riflessi in uno specchio.

Ai musulmani e' proibito guardare i genitali di un cadavere, e questo vale anche per gli impresari di pompe funebri; gli organi sessuali dei defunti devono sempre restare coperti da un mattone o un pezzo di legno per tutto il tempo.
(Un mattone?)

In Indonesia la masturbazione viene punita col taglio della testa.

A Guam ci sono uomini il cui lavoro a tempo pieno consiste nel girare per le campagne e deflorare giovani vergini che pagano per il privilegio di stare con un uomo per la prima volta. Il motivo: La legge dell isola stabilisce a chiare lettere che una donna vergine non puo' sposarsi.
(Pensiamoci un attimo: esiste in qualche altra parte del mondo un lavoro anche lontanamente simile a questo?)

A Hong Kong, una moglie tradita puo' uccidere il marito adultero, la legge glielo consente; ma puo' farlo solo a mani nude. Mentre puo' uccidere come piu' le aggrada l'amante del marito.
(Ah! La Giustizia!)

A Liverpool, Inghilterra, la legge ammette commesse in topless, ma solo nei negozi di pesci tropicali. (Naturalmente!)

A Cali, in Colombia, una donna puo' avere rapporti sessuali soltanto col marito, e la prima volta che cio' accade, nella stanza dev'essere presente anche la madre di lei. (La sola idea fa venire i brividi.)

A Santa Cruz, in Bolivia, un uomo non puo' avere rapporti sessuali con una donna e con la figlia di lei contemporaneamente.
(Immagino che si sia trattato di un problema abbastanza grave, se hanno dovuto farci su una legge.)

Nello stato americano del Maryland, le macchinette dispensatrici di preservatici sono illegali. Cessano di esserlo solo se si trovano "in luoghi dove si vendono bevande alcoliche da consumare sul posto."
(L'America e' un grande paese o no? Forse, pero', non grande quanto Guam.)

Signore

Due signore si vedono dopo molti anni. Tutte e due hanno sposato uomini stranieri e si interrogano sulle usanze religiose dei rispettivi mariti.
Una dice: "Mio marito e' un metodista. Significa che facciamo l'amore un giorno si e un giorno no, metodicamente."
L'altra ribatte: "Ho sposato un luterano: un giorno vuole l'utero, un giorno l'ano, un giorno l'utero, un giorno l'ano..."

Amiche

Due amiche stanno chiacchierando sul terrazzo di casa quando vedono arrivare il marito di una delle due con un enorme mazzo di rose rosse.
La moglie dell'uomo dice all'amica: "Ho gia' capito che mi tocchera' passare tutta la notte a gambe larghe..."
E l'amica, sorpresa, le dice: "Ma scusa... non ce l'hai un vaso???"

Passero

Piove, ed un passero si rifugia nel suo alberello, chiudendo la porta dietro di sè.
Mentre si guarda la TV, una passera bussa e chiede:
"Amico, per favore mi fai entrare? Qui fuori piove."
Ma il passero, freddo:
"No!"
Dopo cinque minuti, la passera replica:
"Amico per favore, c'e' freddo e piove, mi fai entrare?"
Ed il passero, sempre piu' freddo:
"No!"
Dopo altri cinque minuti, la passera ancora implora:
"Amico, per favore mi fai entrare, piove, sono tutta bagnata...".
Ma il passero tuona per l'ennesima volta il suo freddo ed imperioso
"No!"
Morale:
"Piu' l'uccello e' duro e piu' la passera si bagna!!!"

Suzuki

Primo giorno di scuola in una scuola Americana.

La maestra presenta alla classe un nuovo compagno arrivato negli USA da pochi giorni: Sakiro Suzuki (figlio di un alto dirigente della Sony).

Inizia la lezione e la maestra fa alla classe:

"Adesso facciamo una prova di cultura. Vediamo se conoscete bene la storia americana. Chi disse: 'Datemi la liberta' o datemi la morte?'"

La classe tace, ma Suzuki alza la mano.

"Davvero lo sai; Suzuki? Allora dillo tu ai tuoi compagni!"

"Fu Patrick Henry nel 1775 a Philadelphia!" "Molto bene, bravo Suzuki!

E chi disse: 'Il governo è il popolo; il popolo non deve scomparire nel nulla?'"

Di nuovo Suzuki in piedi: "Abramo Lincoln nel 1863 a Washington!"

La maestra stupita allora si rivolge alla classe:

"Ragazzi, vergognatevi! Suzuki é giapponese, é appena arrivato nel nostro paese e conosce meglio la nostra storia di voi che ci siete nati!"

Si sente una voce bassa bassa: "Vaffanculo 'sti bastardi giapponesi!"

"Chi ha detto questo?!" esclama la maestra.

Suzuki alza la mano e senza attendere risponde:

"Il generale Mac Arthur nel 1942 presso il Canale di Panama e Lee Jacocca nel 1982 alla riunione del Consiglio di Amministrazione della General Motors a Detroit." La classe ammutolisce, ma si sente una voce dal fondo dire:

"Mi viene da vomitare!"

"Voglio sapere chi e' stato a dire questo?!?" urla la maestra.

Suzuki risponde al volo: "George Bush Senior rivolgendosi al Primo Ministro giapponese Tanaka durante il pranzo in suo onore nella residenza imperiale a Tokyo nel 1991".

Uno dei ragazzi allora si alza ed esclama scazzato: "Succhiamelo!"

"Adesso basta!" urla la maestra.

Suzuki risponde imperterrito: "Bill Clinton a Monica Lewinsky nel 1997 a Washington nello studio ovale della Casa Bianca"

Un altro ragazzo si alza e urla: "Suzuki del cazzo!"

"Valentino Rossi rivolgendosi a Ryo al Gran Premio del Sudafrica nel Febbraio 2002".

La classe esplode in urla d'isteria; la maestra sviene.

Si spalanca la porta ed entra il preside:

"Ma cribbio! Non ho mai visto un casino simile!"

"Silvio Berlusconi; Ottobre 2003 nella sua villa di Arcore dopo aver visto i conti di Tremonti..."

LE RISPOSTE A <u>**10 PERCHE' DELLA VITA**</u>...

1. Perche' Babbo Natale non puo' avere bambini?
Perche' viene una sola volta all'anno e per di piu' con una renna.
2. Perche' gli Iraniani ce l'hanno con il vento?
Perche' gli sbatte tutte le persiane.
3. Perche' i Kossovari non prendono il caffe'?
Perche' passano dalla Macedonia al Montenegro.
4. Perche' Chelsea e' l'unica figlia di Clinton?
Perche' tutti gli altri fratelli e sorelle sono stati ingoiati da Monica Lewinski.
5. Perche' le donne si stropicciano gli occhi quando si svegliano al mattino?
Perche' non hanno le palle da grattarsi.
6. Perche' le donne hanno la vagina?
Perche' se non l'avessero nessuno vorrebbe parlarci.
7. Perche' le donne hanno le gambe?
Perche' altrimenti lascerebbero la scia come le lumache.
8. Perche' agli uomini piacciono cosi' tanto i pompini?
Per quei cinque minuti di silenzio in casa.
9. Perche' gli uomini eiaculano a scatti?
Perche' le donne mandano giu' a sorsi.
10. Perche' il gallo non fa le uova?
Perche' non vuole rompersi il culo per 200 lire.

<u>Due amici siciliani</u>

Salvatore: "Ciao Pasqua'...alloooora...cumm'e' l'Inghiltttterrra?
Pasquale: "Ah, salvato'...e' magnifica...ci sono alcune cose pero' che non ho capito"
Salvatore: "Dicci Pasqua' dicci..."
Pasquale: "Prendi le sttrade: lunghe...lagghe...quattttro cossie di maccia... e le chiamano strittttt!!!!...
I pumman...atti, ddue piani e....li chiamano bbbassss!!!!.....
E Fimmmine...atte, bionde, occhi azzurri, cu i zinne tante..... e le chiamano uommene!!!!!!!!
Ma una cosa proprio non c'arrivo a ccapire: agli stop, u catttelllo: 'Oneway'....ma che minnncchia te ne fotte a tia onne vado io!!!!!!!!"

ALLEVATORE

Un uomo compra molte pecore per allevarle e vendere la loro lana.

Dopo parecchie settimane, nota che nessuna delle pecore e' incinta, e telefona ad un veterinario per chiedere aiuto.

Il veterinario gli dice di provare l'inseminazione artificiale.

Il pastore non ha la piu' pallida idea di cosa significhi, ma per non mostrare la sua ignoranza a riguardo, chiede solamente al veterinario come fare a riconoscere quando diventano gravide.

Il veterinario gli dice che quando una pecora è incinta smette di stare in piedi e di girare per il pascolo, e invece si distende per terra e si rotola sul prato.

L'uomo allora riattacca e ci ragiona sopra.

Giunge alla conclusione che inseminazione artificiale significa che è lui che deve ingravidare le pecore.

Cosi', carica le pecore sul suo camion, le porta in un boschetto, fa del sesso con tutte quante, le riporta all'ovile e va a letto.

La mattina dopo, si sveglia e osserva le pecore. Vedendo che sono ancora tutte in piedi vagando per il pascolo, conclude che il primo tentativo e' andato a vuoto e le carica nuovamente sul camion.

Le riporta nel boschetto, scopa ogni pecora per ben due volte per essere sicuro, le riporta indietro e va a letto.

La mattina seguente si sveglia e trova le pecore ancora a pascolare in piedi.

Un'altro tentativo, dice a se' stesso, e provvede a caricarle sul camion e condurle nel boschetto. Passa tutto il giorno a chiavarsi le pecore e una volta ritornato a casa, si stende esausto sul letto.

La mattina dopo non riesce nemmeno ad alzarsi dal letto per controllare le pecore. Chiede allora a sua moglie di guardare fuori e di dirgli se finalmente le pecore sono distese sul prato.

"No", dice la moglie, "sono tutte sul camion e una di loro sta pure suonando il clacson!!"

Segreto

Una donna di 98 anni è sul letto di morte e fa un'ultima confidenza al marito di 99 anni che è schiacciato dal dispiacere: "Gerardo, prima di chiudere per sempre gli occhi voglio rivelarti un segreto. Vai nel granaio e sulla terza traversa di sinistra troverai un cartone. Va cercalo."

Il marito sorpreso, sale a fatica nel granaio e dopo 5 minuti ritorna in camera con la scatola. La apre e trova dentro 2 piccole scatole: una contiene 3 uova e l'altra 15.000 euro. Alla vista dei soldi gli occhi si illuminano.

"Dimmi dolcezza cosa significano le 3 uova?"

"Sai Gerardo, da 78 anni che siamo sposati, ogni volta che facendo l'amore io non arrivavo all'orgasmo, mettevo da parte 1 uovo."

Gerardo resta soddisfatto nel sapere che in 78 anni di matrimonio sia successo solo 3 volte. Quindi sempre piu` incuriosito domanda:

"E i 15.000 euro da dove vengono?"

"Beh, ogni volta che avevo 6 uova andavo a venderle!!!!"

La vita al contrario

La vita dovrebbe essere vissuta al contrario.

Tanto per cominciare si dovrebbe iniziare morendo, e cosi' tricchete e tracchete il trauma e' bello che superato.

Quindi ti svegli in un letto di ospedale e apprezzi il fatto che vai migliorando giorno dopo giorno.

Poi ti dimettono perche' stai bene e la prima cosa che fai e' andare alla posta a ritirare la tua pensione, e te la godi al meglio. Col passare del tempo le tue forze aumentano, il tuo fisico migliora, le rughe scompaiono.

Poi inizi a lavorare e il primo giorno ti regalano un orologio d'oro. Lavori quarant'anni finche' non sei cosi' giovane da sfruttare adeguatamente il ritiro dalla vita lavorativa.

Quindi vai di festino in festino, bevi, giochi, fai sesso e ti prepari per iniziare a studiare. Poi inizi la scuola, giochi con gli amici, senza alcun tipo di obblighi e responsabilita', finche' non sei bebe'.

Quando sei sufficientemente piccolo, ti infili in un posto che ormai dovresti conoscere molto bene. Gli ultimi nove mesi te li passi flottando tranquillo e sereno, in un posto riscaldato con room service e tanto affetto, senza che nessuno ti rompa i coglioni.

E alla fine abbandoni questo mondo in un orgasmo.

Woody Allen

Autobus

A Roma, in un autobus, un tizio strilla all'autista:
"Ahoo!, ma quando parte 'sto cesso?"
E l'autista: "Quando si riempe de stronzi!"

E.T.

Quattro motivi per cui E.T. e' meglio di un albanese:
1. E' arrivato da solo
2. Ha una bici sua
3. Ha imparato la nostra lingua
4. Vuole tornare a casa

Fatica sprecata

"Mamma, cosa fai nuda sopra il babbo?"
"Salto per sgonfiargli la pancia...."
"Fatica sprecata: ogni mattina la zia si inginocchia e gliela rigonfia!"

Sposa bagnata

Durante un matrimonio lo sposo vede il suo amico con la mano sotto la gonna della sposa. "Ma cosa fai?"
E l'amico: "Dai che porta bene. Sposa bagnata sposa fortunata!"

Vecchietta

Un tecnico della telecom suona ad una vecchietta:
"Chi è?"
Lui: "È Alice"
Lei: "Alice?! Ma tu sei un uomo!"
Lui: "Ma signora ho l'ADSL!"
Lei: "Oh poverino, frocio e pure infetto."

Vigilessa

Un uomo parcheggia in divieto.
Si avvicina una vigilessa e gli dice:
"Sarebbero 33 euro!"
L'autista risponde: "Va bene, sali!"

Pesci

Tra due pesci:
"Scusa, sai dov'e' la grotta dell'amore?"
"Mi dispiace, non posso aiutarti. Sono un pesce sega!"

Giuda

Droga partỳ a casa di Gesù:
"Paolo tu cosa hai portato?"
"L'erba"
"Tu Matteo?"
"L'alcool"
"Tu Giuda?"
"La finanza"
"Sei sempre il solito bastardo!"

Nano

Un nano su un tram si sente pestare un piede:
"Ehi brunetta! Stai attenta"
"Ma io sono bionda!"
Lui:
"Da qui non si direbbe..."

Immigrazione

Ufficio immigrazione: "NOME?"
"Muhjatil Ahamed"
"SESSO?"
"5 volte a settimana"
"INTENDEVO DIRE: MASCHIO O FEMMINA?"
"No importante....a volte anche con cammelli."

Due mutande in lavatrice

Una fa all'altra:
"Sei stata al mare che sei così abbronzata?"
"No, ho solo avuto una giornata di merda!"

Due amiche si confidano

La prima:
"Ieri sera mi sono fatta 2 martini, non ti dico come ho lo stomaco."
L'altra:
"Ieri sera mi sono fatta 2 negroni, non ti dico come ho il culo."

Casa Iscariota

"Pronto casa Iscariota? C'è Giuda?"
 "No è fuori per una cena"
 "Di nuovo?"
 "Si, ma dice che è l'ultima"

Salsiccia e maiale

Secondo un recente sondaggio
le donne sono contrarie al matrimonio:
dicono che per due etti di salsiccia
è inutile comprare tutto il maiale

Spiegazioni romane

'N GIORNO LE RAGAZZE SCRISSERO SUI MURI
"VE 'A FAREMO PAGÀ!".
E L'OMINI J'ARISCRIVETTERO
"E QUANNO MAI CE L'AVETE DATA AGGRATISE?":
Caratteristica espressione metropolitana per esprimere tutta la solidarietà maschile verso il gentil sesso

VATTELA A PIJÀ 'N DER CULO TE E TUTTO L'ARBERO GENEALOGICO TUO, DA 'A RADICE ALLA CHIOMA:
Ti esorto ad andare per la tua strada con la compagnia di tutta la tua stirpe

HAI VISTO PIÙ COMETE CHE FREGNE:
Le ragazze, da sempre, proprio non ti considerano

SEI COSÌ CORNUTO CHE SI TE VEDE 'N CERVO VA 'N DEPRESSIONE:
Il destino ha voluto che le tue donne ti fossero costantemente e ostinatamente infedeli

CHE DIO CE LA MANNI BÒNA E POSSIBBIRMENTE SENZA MUTANNE:
Tipico augurio di buona fortuna. Spesso utilizzato in casi di estrema necessità

TRA TANTI SPERMATOZOI TU' MADRE HA SCERTO PÒPO ER PIÙ COJONE:
Violenta espressione offensiva che denota la stupidità genetica della persona con cui si sta parlando

MA AR POSTO DER DNA CHE C'HAI 'A CATENELLA DER CESSO AROTOLATA:
La tua natura più interiore ha radici genetiche riconducibili a qualcosa di poco nobile

JE STO A SCUREGGIÀ A BANDA LARGA:
Analogia con il mondo delle telecomunicazioni: lo stato di indisposizione che genera flatulenze è tale da paragonarlo alle connessioni a Internet superveloci

SEI TARMENTE PIATTA CHE DE REGGISENO NUN C'HAI 'A PRIMA, MA 'A RETROMARCIA:
La taglia del tuo reggiseno non può essere misurata con le unità di misura convenzionali a causa della totale assenza di seno

QUANNO È GIORNATA DA PIJALLO 'N CULO ER VENTO T'ARZA SEMPRE 'A CAMICIA:
Se la giornata nasce sotto una cattiva stella è inutile ribellarsi al destino che l'avrà sicuramente vinta

C'HAI LE TETTE CHE TE FANNO "BANGI-GIAMPING":
Hai il seno totalmente calato; in gergo metropolitano è anche detto "a recchie de cocker" per la sua similarità con le orecchie della nota razza canina
SPERO CHE DOMANI MATINA TE SVEJA SAN PIETRO:
Spero che tu muoia al più presto
MA CHE C'HAI 'N GRATTA&VINCI NELLE MUTANNE?:
Elegante perifrasi da rivolgere a persona eccessivamente dedita allo smucinìo delle proprie zone erogene

Bugiardi

Le categorie più bugiarde sono le donne e i cacciatori.
I cacciatori prendono un uccello e dicono di averne presi venti,
le donne ne prendono venti e dicono di averne preso solo uno...

69

Una ragazza porta a casa sua un ragazzo, entrano in camera da letto e immediatamente lei gli chiede di fare un 69.
"Un 69? Cosa cavolo è?" gli domanda il ragazzo.
La ragazza rendendosi conto che lui non ha esperienza gli dice:
"Io metto la mia testa tra le tue gambe e tu metti la tua tra le mie."
E senza sapere di cosa stesse parlando lei, per non rovinare il momento, il ragazzo acconsente.
Nel preciso instante in cui i due sono in posizione, la ragazza lascia andare un tremendo e puzzolente peto.
Il ragazzo tossendo si trascina come può ad un lato del letto, sorpreso.
La ragazza afflitta le dice di perdonarla e lo assicura che non succederà più, e nuovamente riprendono la posizione.
Ma proprio quando stanno per iniziare la ragazza lascia andare un altro peto nauseabondo.
Il ragazzo si alza senza dire nulla e imprecando inizia a rivestirsi.
"Che hai? Perchè te ne vai?" gli dice la ragazza.
E il ragazzo risponde:
"Se pensi che io mi sorbisca gli altri 67 stai fresca!"

Supercomputer

Giorgio si lamenta per dei dolori alla mano, e racconta ai suoi amici che, non potendoli più sopportare, si rivolgerà presto ad un medico.

"Perchè dal medico? Ora c'è un Supercomputer in grado di diagnosticare ogni malattia, ed è molto più economico di un medico! Vai al centro commerciale, prendi un contenitore per l'analisi delle urine e una moneta da 2 Euro, e vedrai!"

Mentre va a casa, Giorgio pensa al consiglio del suo amico.

Male che vada gli costerebbe solo due Euro, così il giorno successivo va al centro commerciale con il contenitore con le urine, lo inserisce nel computer e infila la moneta da 2 Euro...

Il computer inizia ad elaborare i dati, le luci cominciano a lampeggiare e finalmente esce un foglio su cui sta scritto:

Diagnosi:

'Infiammazione dei tendini alla mano destra.'

Prescrizioni:

'Per due settimane si immerga ogni sera la mano in acqua tiepida. Si eviti di sforzare la mano con lavori pesanti.'

Giorgio non ci può credere. La scienza ha veramente fatto passi da gigante. Ma dopo un pò cominciano a venirgli dei dubbi....

La mattina successiva prende un bicchierino e ci mette un pò di acqua del rubinetto e la mescola con un pò di bava del suo cane. Recupera dell'urina di sua moglie e l'assorbente di sua figlia e per coronare il tutto si fa anche una pippetta nel bicchierino ormai colmo...

Poi va al centro commerciale, inserisce il bicchierino e i 2 euro nel computer. Il computer inizia ad elaborare, le luci lampeggiano, il rumore diventa sempre più forte, le luci lampeggiano sempre più velocemente, sembra che stia per esplodere. Alla fine stampa un foglio su cui sta scritto:

Diagnosi: L'acqua del suo rubinetto è molto calcarea.

Prescrizioni: Compri un filtro anticalcare.

Diagnosi: Il suo cane ha i vermi.

Prescrizioni: Lo sottoponga ad una cura contro i vermi.

Diagnosi: Sua figlia è cocainomane.

Prescrizione: La sottoponga immediatamente ad una cura disintossicante.

Diagnosi: Sua moglie è in cinta di due gemelli. Lei non è il padre.

Prescrizioni: Consulti al più presto un avvocato a sua scelta.

Un ulteriore consiglio: la smetta con le pippe, altrimenti la sua tendinite alla mano destra non migliorerà mai.

FATTI E COSE REALMENTE ACCADUTE

ANNUNCI

Vedovo vende organo inutilizzato.

MEDICI E PAZIENTI

Come si sente oggi ?
Nell' amplesso sto meglio.

Aspettiamo pure le analisi, dottore, ma io ho un cattivo preservativo.

Al telefono: dottore, sono la signora Pirrello, prima che lei vada in ferie gliela voglio fare rivedere.

E' qui che fate le radioscopie? Dottore, a che ora mi deve radioscopare?

IN FARMACIA

"Vorrei una scatola di preservativi."
"Di che marca ?"
"Duracell."

Vorrei delle pillole antifrequentative, mio marito è stanco di fare il cojote interrotto.

A SCUOLA

Circolare di un Preside relativa agli orari delle lezioni: "Gli Insegnanti che hanno un buco lo devono mettere a disposizione del Preside."

Lettera di protesta inviata da un Insegnante al Provveditore:
"Ill.mo Signor Provveditore, desidero conoscere i criteri adoperati per la graduatoria, secondo la quale cui l' Insegnante che l' anno scorso me l'avete messo di dietro adesso me lo ritrovo davanti."

Cover and back cover by GJEMB

www.ingramcontent.com/pod-product-compliance
Lightning Source LLC
Chambersburg PA
CBHW021200020426
42331CB00003B/146